곤충 세계로 사라진 팽 박사를 찾아라

정재은 글 ● 김석 그림
김승태 감수 (서울대학교 농업생명과학연구원 책임연구원)

주니어랜덤

추천의 말

　곤충은 지구상에서 가장 번성한 생물이다. 작은 몸집에 날개가 있고 강력한 외골격으로 무장하여 전 세계를 삶의 무대로 삼는다. 이들은 농작물을 먹어 치우고, 때로는 사람들의 피를 빨거나 강력한 독을 내뿜어 상처를 내고 질병을 매개하기도 하며, 옷이나 책, 심지어 건물의 구조물에까지 피해를 입히기도 한다. 그래서 때로는 곤충이 성가실 때도 있다.
　그렇지만 꿀벌과 같은 곤충은 우리에게 꿀이나 로열 젤리 등을 제공하고, 무당벌레는 진딧물과 같은 해충을 없애 준다. 뿐만 아니라 무수히 많은 토양 곤충들은 동물의 배설물이나 식물의 잔사체 등을 분해하여 다시 다른 동물이나 식물이 이용할 수 있는 형태로 바꾸어 주는 물질 순환에도 기여한다. 특히 소똥구리는 이런 활동을 통해 환경 정화의 기능까지 담당하고 있으며, 하루살이와 같은 곤충은 환경 변화를 감지하는 지표생물로도 활용되고 있다. 또한 법의학 분야에서는 시체의 사망 장소 및 사망 시각 등의 중요한 정보를 곤충을 통해 알아내기도 한다.
　이처럼 우리의 삶과 밀접한 곤충에 대한 이야기를 담고 있는 이 책은 최근 전 세계적으로 문제가 되고 있는 꿀벌의 집단적인 붕괴 현상을 해결하고자 모험을 떠난 팽 박사를 통해 결국 곤충뿐 아니라 자연 생태계를 보호하고 이들에게 관심을 가져야지만 사람들의 삶도 나아질 것이라는 교훈을 주고 있다. 그리고 주인공인 팽 박사가 직접 일부 곤충으로 변신하여 우리로 하여금 곤충의 세계를 경험할 수 있도록 하고 있다.

특히 이 책은 단순한 동화가 아니라 실제 곤충들의 습성을 토대로 꾸며져 더욱 생생하게 느껴진다. 흥미로운 일부 곤충을 단편적으로 소개하는 데 그치지 않고 곤충의 외부 형태 등 생물학적 정보와 이들의 삶을 생태학적으로 다루고 있어 곤충 교과서로 봐도 손색이 없다.

이 책을 통해 곤충을 더 잘 이해하고 곤충과 사람이 공존할 수 있는 방법을 찾을 수 있기를 바란다. 이 세상의 모든 생물은 언제 없어질지 모르는 살아 있는 문화재라는 것을 잊지 말기를.

김승태 (서울대학교 농업생명과학연구원 책임연구원)

저자의 말

팽 박사를 따라 곤충 세계로 출발!

"도대체 곤충은 왜 이렇게 많은 거야? 징그러워 죽겠어!"

만날 곤충이 징그럽다며 투덜대던 팽 박사가 이번에는 직접 곤충을 찾으러 떠난다고 해요. 어느 날 갑자기 꿀벌 도둑으로 몰렸는데, 도둑 누명을 벗기 위해서는 꿀벌을 찾아내는 수밖에 없다는 거예요.

꿀벌을 찾으러 떠난 길에 팽 박사는 바퀴벌레, 빈대, 메뚜기 떼, 군대개미, 제왕나비 따위의 많은 곤충을 만나 위험천만한 모험을 펼친답니다.

팽 박사는 어떻게 그 많은 곤충을 만났을까요? 대답은 아주 간단해요. 미국, 아프리카, 남아메리카 등 세계 어디를 가도 곤충이 득실득실하니까요. 남극에서 북극까지, 열대에서 한대까지 지구의 모든 곳에 곤충이 살고 있답니다.

곤충들은 지구의 생물이 살아가는 데 아주 큰 역할을 해요. 가루받이를 열심히 하는 벌과 나비들이 없으면 식물은 열매를 맺을 수 없을 거예요. 또 곤충이 없으면 배고파서 엉엉 우는 동물들도 아주 많을 거예요. 곤충은 영양이 풍부하고 맛도 좋은 먹이니까요.

하지만 우리는 곤충의 겉모습만 보고 징그럽다며 소리를 지르고, 하찮게 여기며 쉽게 눌러 죽여요. 팽 박사도 처음에는 그랬답니다.

그런데 곤충이 정말 사라진다면 우리는 곤충을 구박하고 미워했던 것을 무척 후회하게 될 거예요. 꿀벌의 숫자가 점점 줄어들면서 사람들은 벌써 후회를 하고 있지요. 과학자들과 농부들은 꿀벌의 수를 늘리기 위해 온갖 노력을 펼치고 있지만 한번 사라지기 시작한 꿀벌은 쉽게 돌아오지 않고 있어요.

어떻게 하면 사라진 꿀벌이 돌아올 수 있을까요?

길앞잡이의 흑마술에 걸려 곤충의 세계로 빠진 팽 박사를 따라가며 한번 생각해 보기로 해요. 곤충이 된 팽 박사처럼 우리도 곤충의 입장에서 생각해 보는 거예요. 어떻게 하는 것이 곤충에게 가장 행복한 일일까 하고 말이지요.

의외로 답은 간단할지도 몰라요. 내가 나답게 사는 것이 가장 행복하듯이 곤충도 곤충답게, 옛날부터 살아온 대로 사는 것이 가장 행복할 거예요. 그러려면 자연을 옛 모습 그대로 잘 보존해야겠지요?

팽 박사는 요란한 모험을 통해 힘겹게 그 사실을 깨달았지만, 우리는 팽 박사를 통해 쉽고 재미있게 자연의 소중함을 깨닫기로 해요!

정재은

차례

저자의 말 | 팽 박사를 따라 곤충 세계로 출발! ● 4

1 참을 수 없는 벌레들의 습격 ● 12
2 팽 박사, 꿀벌 도둑으로 몰리다 ● 24
3 꿀벌 실종 사건, 내게 맡겨라 ● 34

4 왕바퀴벌레의 고향으로! ● 48
5 무당벌레의 탈을 쓴 빈대에게 당하다 ● 66
6 검정파리가 벗겨 준 누명 ● 76

7 팽 박사, 길앞잡이의 흑마술에 걸리다 ● 90

8 나는야, 흰개미집 건축가 ● 104

9 메뚜기 폭풍에서 살아남다 ● 120

10 아마존개미의 노예가 된 팽 개미 ● 134

11 고마운 제왕나비의 마법사 ● 148

12 성난 살인 벌의 공격 ● 164

13 모두 함께 반딧불이 축제 ● 180

팽 박사

퉁퉁하게 튀어나온 배, 부스스한 곱슬머리, 숯 검댕이 눈썹. 전혀 과학자답지 않은 외모를 가졌으나 호기심은 하늘을 찌르는 동물학자. 할아버지 댁으로 가 버린 지나를 찾으러 할아버지네 꿀벌 농장에 갔다가 꿀벌 도둑으로 몰리게 된다. 팽 박사는 도둑 누명을 벗기 위해 사라진 꿀벌을 찾아 미국으로 떠나게 되고, 위험천만한 곤충 세계로 빠지게 되는데…….

지나

어쩌다가 팽 박사의 조수가 되었는지 스스로도 알 수 없는 아가씨. 팽 박사의 구박을 견디다 못해 할아버지 댁으로 떠나지만 거기까지 쫓아온 팽 박사에게 잡혀 함께 미국으로 가게 된다. 미국에서 만난 곤충 소년 앤트와 함께 아프리카로 떠나는 팽 박사 일행. 하지만 그곳에서 팽 박사가 감쪽같이 사라지고 만다. 지나는 팽 박사 대신 꿀벌 실종의 원인을 알아내기 위해 연구를 시작한다. 그것이 팽 박사의 실종을 헛되지 않게 하는 길이라고 생각하며…….

앤트

곤충을 무척 좋아하는 곤충 소년. 마다가스카르히싱바퀴벌레를 고향으로 돌려보내려고 아프리카로 떠난다. 아프리카까지 배를 타고 가는 긴 여행에서 앤트는 곤충을 아무리 좋아해도 빈대의 공격은 참을 수 없다는 것을 깨닫는다. 아프리카에서 팽 박사를 잃어버리고 지나와 함께 꿀벌 실종의 원인을 찾지만, 자신의 마을을 둘러싼 나쁜 악당들의 계획을 꿈에도 알아채지 못한다.

조조

미국 플로리다의 곤충보호협회 곤충 실종 사건 전담 지부장. 겉으로는 곤충을 사랑하고 보호하는 척하지만 사실은 해충 퇴치 회사를 차려 돈을 번다. 곤충 사랑이 지극한 앤트를 눈엣가시처럼 여기며 마을에서 쫓아 버리려고 별별 수를 쓴다.

조왕벌

평생을 양봉 농사에 바친 지나의 할아버지. 갑작스레 꿀벌이 집단으로 사라지자 당황하는데 그때 팽 박사가 나타나자 사라진 꿀벌을 찾아내라며 팽 박사와 지나를 곤충 모험의 길로 내쫓는다.

1. 참을 수 없는 벌레들의 습격

"흥! 나 혼자는 못할 줄 알고?"

팽 박사는 혼자서 이삿짐을 풀며 툴툴거렸다.

"나도 못 박을 줄 안다고!"

탕탕탕. 자신 있게 망치질을 했지만 못은 자꾸만 휘어졌다.

"혼자서 시장에 갈 수도 있어!"

팽 박사는 운전대를 잡고 소리쳤다. 그러나 운전은커녕 자동차의 시동도 걸지 못한 채 오도카니 앉아만 있었다. 언제 운전을 해 봤는지 시동 거는 방법조차 가물가물했다.

"자동차가 왜 필요해? 이건 공해를 일으키는 나쁜 물건이야. 난 튼튼한 두 다리로 걸어 다닐 테야."

결국 팽 박사는 시장에 가지 않고 홀로 오두막에 앉아 밤을 맞이했다. 달도 뜨지 않는 그믐날 밤의 산골 오두막은 무섭기 짝이 없었다. 집 안의 불을 다 켜 놓았지만 소용없었다. 이게 다 지나 때문이었다.

팽 박사는 바로 오늘, 산골짜기 오두막으로 연구소를 옮겼다. 야생 동물들이 많이 살고 있는 산속에 연구소를 차리면 동물 연구가 더 잘 될 거라는 희망 때문이었다. 연구소를 옮기는 과정에서 팽 박사는 지나에게 평소보다 도움을 조금, 아주 조금 더 원했다. 지나 혼자 이삿짐을 다 싸야 한다든지, 이사 비용을 깎는다든지, 이사 갈 집을 고친다든지, 미리 청소를 깨끗이 해 놓는다든지 하는 아주 사소한 것들이었다. 그런데 지나는 허리가 아프다며 징징대더니 그중 몇 가지도 안 하고서 버럭 화를 내는 게 아닌가!

"박사님은 팽팽 놀면서 왜 나만 시켜요? 왜 나만 부려 먹어요? 내가 무슨 신데렐라예요? 난 나를 귀여워해 주는 할아버지한테 갈래요. 할아버지네 꿀벌한테 쏘여도 박사님하고 있는 것보다는 편할 거예요. 박사님은 이제 안녕이에요. 영원히 안녕!"

지나는 이사를 가려고 싸 놓은 제 짐을 들고 떠나 버렸다.

"내가 뭘 잘못했다는 거야? 난 연구에 집중하려는 욕심밖에 없었다고! 진정한 과학자를 몰라주는 바보!"

팽 박사는 온 집 안의 불을 환하게 밝힌 채 침대에 누웠다. 네모난 천장이 한눈에 들어왔다. 그런데 천장 귀퉁이에 넓게 쳐진 거미줄이 눈에 거슬렸다. 게다가 거미줄 위에 떡하니 자리 잡은 거미는 더욱 신경이 쓰였다. 아마존 밀림에서 본 세상에서 제일 큰 거미 타란툴라보다는 크기가 훨씬 작았지만 성질은 고약해 보였다.

"빗자루로 거미줄을 걷어 버릴까? 아니야, 그러다 침대 위로 뚝 떨어지면 어떡해?"

팽 박사는 자다가 잠깐잠깐 깨어 거미의 행방을 감시하기로 했다.

팽 박사는 불을 훤하게 밝힌 채 억지로 눈을 감았다. 내일부터 연구를 시작하려면 조금이라도 자야 했다.

스르륵스르륵.

팽 박사는 눈을 번쩍 뜨고 방 안을 둘러보았다. 아무것도 없었다. 팽 박사는 이불을 눈 밑까지 끌어당긴 뒤 다시 눈을 감았다.

스르륵스르륵.

 곤충으로 오해받는 거미

곤충과 친척뻘인 거미는 종종 곤충으로 오해를 받는다. 하지만 곤충보다는 진드기, 전갈과 더 가까운 사이로 절지동물 중 거미강이다. 거미는 다리가 여덟 개, 몸은 머리, 가슴 배로 나뉜다. 곤충과 달리 더듬이와 날개가 없고, 곤충과 같은 변태 과정을 거치지 않는다. 우리나라에는 680여 종의 거미가 살고 있다.

"으악!"

팽 박사는 벌떡 일어나 벽 쪽에 붙은 침대 구석으로 가서 섰다. 하지만 곧 소스라치게 놀라 자리를 옮길 수밖에 없었다. 그곳은 벌써 사나운 거미가 차지하고 있었기 때문이다.

"에잇! 곤충들 때문에 갈 데가 없잖아. 있을 데가 없어."

팽 박사는 머리끝에서 발끝까지 온몸을 이불로 돌돌 말고, 눈만 빼꼼 내밀어 방을 훑었다. 천장에는 거미 말고 아무것도 없었다. 창문 옆에도, 물방울무늬 커튼에도 특이할 만한 것은 보이지 않았다. 단지 하얀 책장에 검은 리본만 하나…….

"으악!"

팽 박사는 다시 벽에 딱 달라붙었다. 책장에 붙은 것은 검은 리본이 아니라 윤이 나도록 새까만 지네였다. 스륵스륵 소리는 수십 개의 지네 다리가 움직이면서 내는 소리였던 것이다.

팽 박사는 벽에 몸을 딱 붙인 채 벌벌 떨며 지네를 쳐다보았다. 지네는 제집인 양 당당하게 책장을 기어 내려왔다.

"지나 양, 지네가 나를 물려고 해. 좀 잡아 줘. 빗자루로 탕탕 때려서 잡아 줘어어어잉!"

팽 박사가 울먹이며 지나를 불렀다.

그러나 지나는 나타나지 않을 것이다. 아무리 목청껏 불러도 듣지

못할 곳에 있으니까. 누구보다 그 사실을 잘 알고 있는 팽 박사는 무슨 일이든 해야 했다. 도와줄 사람이 아무도 없는데 떨고 있을 수만은 없었다.

팽 박사는 지네의 무시무시한 더듬이에서 눈을 떼지 않고 최대한

 지네의 다리는 몇 개일까?

지네는 마디마다 다리가 한 쌍씩 나 있다. 몸길이가 길수록 마디도 많고 다리도 많다. 다리가 가장 적은 지네는 약 15쌍 정도이고 다리가 많은 지네는 약 170쌍이나 된다.

지네의 머리에는 한 쌍의 더듬이가 있고, 가장 앞쪽의 몸 마디에는 한 쌍의 턱다리가 있고 그 앞에 날카로운 발톱이 있으며 독샘과 연결되어 있다. 지네에게 물리면 독 때문에 몹시 쓰라리지만 사람이 죽을 정도로 강하지는 않다. 축축하고 어두운 곳을 좋아하는 지네는 밤이면 밖으로 나와 작은 거미, 곤충, 지렁이 등을 사냥한다. 거미와 마찬가지로 곤충으로 오해받지만 사실은 곤충과 친척뻘인 지네강이다.

멀리 돌아 빗자루를 찾으러 갔다. 그러나 빗자루를 꺼내려고 잠깐 눈을 돌린 사이 지네는 감쪽같이 사라지고 말았다.

"아웅! 어디 숨은 거야? 나 잘 때 몰래 나타나려고 그러지?"

팽 박사는 빗자루를 부둥켜안고 뜬눈으로 밤을 새웠다.

"동물학자의 길은 너무 멀고 험난해. 이게 다 곤충들 때문이야. 곤충들은 도대체 왜 이렇게 많은 거야? 미워!"

팽 박사는 해가 뜰 때까지 투덜거렸다.

 지구에는 얼마나 많은 곤충이 있을까?

지금까지 사람들이 발견하여 이름 붙인 곤충은 약 1백만 종 정도이다. 이것은 약 30만 종의 어류, 10만 종의 조류, 8천 종의 파충류, 6천 종의 양서류, 5천 종의 포유류에 비해 엄청 많은 숫자이다. 하지만 곤충학자들은 아직까지 한 번도 잡힌 적이 없어서 분류되지 않거나, 이름이 붙여지지 않은 곤충이 엄청나게 많을 것이라고 추정하고 있다.

밤새 팽 박사의 투정을 들은 거미와 지네도 할 말이 많았다. 거미와 지네는 자신들이 절대로 곤충이 아니라는 걸 보여 주고 싶을 정도였다. 종종 곤충으로 오해를 받아 몹시 불쾌하다는 것도 꼭 알려 주고 싶었다. 거미와 지네는 있는 힘껏 소리쳤다.

"우리는 곤충이 아니야! 동물학자라면서 그것도 모르냐?"

그러나 팽 박사는 거미와 지네의 말을 알아듣지 못했다.

다음 날 아침 팽 박사는 창문마다 방충망을 이중으로 쳤다. 문이란 문은 모두 꽉꽉 닫았다. 싱크대 배수구도 막고, 변기 뚜껑도 닫았다.

"이제 벌레는 못 들어올 거야. 난 파충류, 포유류, 조류 같은 동물만 연구할 거야. 곤충은 싫어!"

그러나 곤충들의 습격은 멈추지 않았다. 오두막의 나무 틈 사이로 무당벌레가 들어와 날아다녔다.

"괜찮아, 무당벌레는 귀여우니까. 날 물지도 않잖아."

팽 박사는 애써 마음을 다잡았다. 그런데 아침 대신 먹은 초콜릿을 책상에 올려 두자마자 어디선가 개미가 바글바글 몰려들었다. 팽 박사는 소름이 오싹 끼쳐서 초콜릿을 통째로 밖으로 던져 버렸다.

초콜릿을 내던지느라 문을 연 바로 그 찰나에 새까만 똥파리가 집 안으로 들어왔다. 똥파리는 팽 박사의 머리 위로 윙윙대며 정신없이 맴돌았다. 심지어 팽 박사의 덥수룩한 곱슬머리에 툭툭 부딪히기까지 했다.

"나가, 나가란 말이야. 나가!"

팽 박사는 파리채를 휘저으며 똥파리를 내쫓았다. 똥파리는 억울했다. 무조건 쫓기만 할 게 아니라 문을 열어 줘야 나갈 게 아닌가. 똥파리를 쫓아다니다 지친 팽 박사는 침대에 벌렁 드러누웠다. 똥파리도 천장에 앉아 겨우 숨을 돌릴 수 있었다.

"지나 양, 지나 양, 돌아와! 나 혼자는 도저히 못 있겠어."

팽 박사는 서둘러 가방을 싸기 시작했다.

 똥파리는 똥을 먹고 살까?

보통 똥파리는 동물이나 사람의 똥에 모이는 습성이 있다. 애벌레(또는 유충)는 돼지·소 등의 가축 똥이나 퇴비에서 발생하고, 어른벌레(또는 성충)도 같은 장소에서 발견된다. 그러나 어른벌레는 포식성으로 작은 곤충의 체액을 빨아 먹는다.

곤충의 모습

곤충의 몸 구조

곤충의 몸은 크게 머리 – 가슴 – 배로 나뉜다. 머리에는 한 쌍의 더듬이와 겹눈이 있고, 입이 있다. 어떤 곤충은 몇 개의 홑눈을 가진 경우도 있다.

가슴은 세 개의 마디로 이루어지며, 세 쌍의 다리와 두 쌍의 날개가 붙어 있다. 날개가 퇴화되어 없거나 한 쌍만 남은 곤충도 있다.

배는 보통 10~11개의 마디로 이루어져 있는데, 꿀벌의 배는 일부가 변형되거나 퇴화되어 7개의 마디를 갖고 있고, 톡토기의 배는 6개의 마디로 이루어져 있으며 마디마다 숨구멍이 있다.

꿀벌

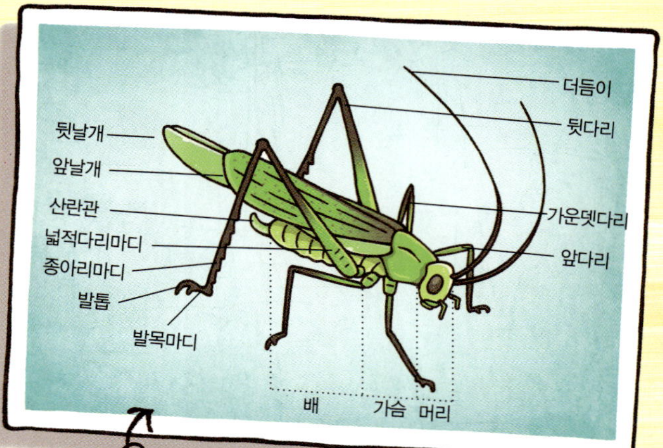

베짱이

곤충의 딱딱한 껍질

사람의 몸은 단단한 뼈를 근육과 부드러운 피부가 감싸고 있다. 그러나 곤충은 반대로 부드러운 몸(진피)을 단단한 뼈(외골격)가 감싸고 있다. 곤충의 딱딱한 껍질은 키틴이라는 단백질로 이루어져 있으며, 눈을 포함한 곤충의 온몸을 덮고 있다. 이 딱딱한 껍질은 사람의 머리카락 굵기보다 얇지만 늘어나지 않기 때문에, 곤충은 몸이 자랄 때마다 딱딱한 껍질을 찢고 나온다.

사슴벌레

2. 팽 박사, 꿀벌 도둑으로 몰리다

팽 박사는 할아버지네 꿀벌 농장으로 지나를 찾아갔다. 농장의 울타리 밑에 숨어 지나가 나타나기를 기다렸지만, 한 시간이 넘도록 지나는 보이지 않고 벌들만 윙윙거렸다. 꿀벌이 가까이 올 때마다 팽 박사는 두 팔로 머리를 감싸고 소리쳤다.

"이 놈의 꿀벌들, 저리 가! 나를 쏘기만 해 봐라. 꿀을 홀랑 먹어 버릴 테다!"

그러나 팽 박사에게 다가간 꿀벌은 침을 쏠 생각이 전혀 없었다. 겉모습은 꿀벌처럼 보였지만 파리의 사촌인 꽃등에였기 때문이다. 꿀

파리의 사촌, 꽃등에

꽃등에는 꿀벌과 비슷하게 생겼지만, 침이 없고 날개도 한 쌍뿐인 파리류에 속한다. 입맛도 벌과 비슷하여 꽃에서 꿀을 빨아 먹으며 꽃가루를 옮기지만, 새와 같은 천적을 피하기 위해 침을 가진 꿀벌의 모습을 닮은 것뿐이다. 꽃등에가 벌의 생김새를 닮은 것처럼, 독이나 침이 있거나 고약한 냄새가 나는 곤충의 모습을 닮아 천적을 피하는 곤충이 많다. 유리나방 중에는 말벌의 모습을 닮은 게 많고, 열점박이잎벌레는 맛이 고약한 무당벌레를 닮아 천적을 피한다.

벌과 꽃등에를 구별할 줄 모르는 팽 박사는 저 혼자 겁을 먹고 난리 법석을 피웠다.

"에이 참, 지나 양은 어디 있는 거야? 왜 전화도 안 받지?"

팽 박사는 휴대 전화를 꺼내 지나의 전화번호를 눌렀다.

"잡았다, 이 꿀벌 도둑놈!"

억센 손길이 팽 박사의 뒷덜미를 후려잡았다. 팽 박사는 영문도 모른 채 질질 끌려 일어섰다.

"누…… 누구세요? 왜 이래요? 난 도둑이 아니라고요."

"변명해도 소용없다, 이 도둑놈! 감히 우리 벌을 싹 훔쳐 가? 그러고도 무사할 줄 알았냐, 이놈!"

할아버지는 거친 손길로 팽 박사의 뒷덜미를 더욱 세게 잡아당겼다. 팽 박사는 목이 반쯤 졸려서 말도 제대로 할 수 없었다.

"놔…… 주세요. 제발 놔 주세요. 난 도둑놈이 아녜요."

팽 박사가 숨을 헐떡거리자 할아버지는 힘을 약간 풀었다. 그렇지만 여전히 천둥 같은 목소리로 말했다.

"네 놈이 도둑이 아니면 왜 쥐새끼처럼 숨어 있는 거여?"

"지나 양을 찾아왔어요. 지나 양이 내 조수거든요."

"말이 되는 소리를 혀, 이놈아. 지나를 찾아온 녀석이 왜 우리 꿀벌을 훔쳐보느냔 말이여. 당장 경찰서로 가자."

할아버지는 팽 박사를 질질 끌고 앞장섰다. 팽 박사는 너무 억울해서 눈물이 질금질금 나왔다.

"할아버지, 지나 양한테 얘기 못 들었어요? 난 동물학자 팽 박사예요, 팽 박사! 세계적으로 얼마나 유명하다고요."

"그렇다면 더더욱 우리 지나랑 같이 일했던 사람이 아니여. 지나가 말한 박사는 연구는 통 안 하고 설레발만 치는 한심한 놈이란 말이여."

"아니에요, 아니라고요. 내가 그 박사가 맞다고요. 엉엉."

팽 박사는 울면서 발버둥을 쳤다. 그 바람에 팽 박사의 발에 걸려 벌통 하나가 넘어졌다. 놀란 꿀벌들이 밖으로 쏟아져 나왔다. 꿀벌들은 한눈에 어리바리한 팽 박사가 벌통을 건드렸다는 것을 알아챘다. 성난 꿀벌들이 웅웅웅 요란한 날갯짓 소리를 내며 팽 박사에게 돌진했다.

"으악, 살려 줘요!"

팽 박사는 있는 힘껏 뛰었다. 그러나 뛰는 팽 박사 위에 나는 꿀벌이었다. 팽 박사보다 훨씬 빨리 날아서 박사의 팔과 다리를 몇 방이나 쏘았다. 심지어는 눈앞에서 붕붕거리기도 했다. 팽 박사는 두 눈을 꼭 감은 채 정신없이 뛰어 가다 그만 넘어지고 말았다.

"흑흑. 지나 양, 살려 줘."

팽 박사는 두 손으로 머리를 감싼 채 입도 못 벌리고 흐느꼈다.

"박사님! 박사님이 여긴 웬일이에요?"

그리운 지나의 목소리였다. 팽 박사는 조심스럽게 고개를 들었다.

"벌은?"

"갔어요. 벌들은 원래 적을 멀리 쫓아 버리는 게 목적이라 끝까지 쫓아오진 않아요. 그나저나 괜찮아요?"

"아냐, 엄청 쏘였어. 저건 꿀벌이 아니라 살인 벌이야."

팽 박사의 얼굴이 불긋불긋 부어올랐다. 벌침 때문이었다.

"그래도 많이 안 쏘였네요. 다행이다! 박사님은 벌침 알레르기가 없으니까 곧 가라앉을 거예요."

지나가 위로해 줄수록 팽 박사는 더욱 서러웠다. 자존심 구기며 지나를 찾아온 것도 쑥스러운데 꿀벌 도둑으로 몰리지 않나, 벌한테 쏘이지를 않나…….

"이게 다 할아버지 때문이에요. 잘생긴 내 얼굴 물어내요. 물어내!"

퉁퉁 부은 팽 박사의 얼굴을 보니 할아버지도 조금 미안한지 딴청을 부렸다.

"거 참 웬 어른이 이렇게 울보여? 자네, 정말 박사 맞아? 아! 알았네. 눈물 박사로구먼?"

"맞아요, 할아버지. 저 사람이 울보 팽 박사예요."

"우리 벌 훔치러 온 녀석이 아닌 건 분명하고?"

팽 박사와 지나가 동시에 고개를 끄덕였다.

"그럼 우리 꿀벌은 어떻게 된 거여? 꿀벌은 흔적도 없이 사라졌는데 범인이 없다니 말이 돼? 이거 봐, 울보. 자네가 범인이 아니라는 증거를 대. 그럼 내가 믿어 주지."

"네? 제가 범인이라는 증거를 할아버지가 대야지요. 그게 맞죠."

"난 그런 거 몰라. 아무튼 진짜 범인을 잡아서 자네가 범인이 아니라는 증거를 대든지 아니면 지금까지 없어진 꿀벌을 모두 물어내. 어떻게 할텨?"

할아버지는 막무가내였다. 하지만 막무가내로 우기는 건 팽 박사도 자신 있었다.

"둘 다 싫어요. 누가 꿀벌을 훔쳐 간 건 맞아요? 할아버지가 미워서 꿀벌이 가출한 거 아니에요?"

"꿀벌이 왜 나를 미워혀? 내가 얼마나 꿀벌을 사랑하는 줄 알아? 난 칠십 평생 꿀벌만 보고 살았어. 우리나라에서 벌 치는 사람 중에 아무나 찾아가 조왕벌을 아냐고 물어봐! 꿀벌 업계의 대부 조왕벌을 모르는 사람은 벌 키울 자격도 없응게."

"조왕벌? 이름도 되게 웃기네. 아무튼 난 꿀벌 실종에 책임이 없어요. 할아버지가 괴팍하니까 꿀벌이 집을 안 나가고 배기겠어요?"

할아버지와 팽 박사의 실랑이는 끝이 없었다. 이 문제를 해결할 사람은 역시 지나뿐이었다. 지나는 발을 쿵쿵 구르며 소리쳤다.

"그만! 그만 좀 해요."

할아버지는 원래 벌을 수백 통도 넘게 쳤다. 그런데 지난 일 년 새 그중 백 통의 벌통이 텅텅 비었다. 그것도 여왕벌과 알과 애벌레를 버려둔 채 일벌들만 집단으로 사라진 것이다. 꿀과 꽃가루를 따 오는 일벌이 사라지면 여왕벌과 애벌레는 결국 죽을 수밖에 없었다.

사라진 꿀벌은 어디로 갔을까? 할아버지는 근처 산과 들을 샅샅이 뒤졌지만 새로 만들어진 벌통도, 일벌의 시체도 발견할 수 없었다. 일벌들은 말 그대로 실종되었다.

"농촌진흥청에도 물어보고, 벌을 치는 사람들한테도 물어봤는데 아무도 이유를 몰라요. 할아버지는 날마다 자신이 뭘 잘못했는지 생각한대요. 하지만 그동안 해 온 대로 한 것뿐, 특별히 잘못한 게 없다고 하시는데……."

"벌이 없어졌다고? 그거 쌤통이네. 잘생긴 내 얼굴을 엉망으로 만들었으니 꿀벌은 다 없어져도 싸!"

팽 박사가 벌에 쏘여 부은 자국을 문지르며 벌통을 노려보았다. 벌에 좀 쏘였다고 당장 벌을 원수 보듯 하는 팽 박사의 단순함에 지나는 가슴을 탕탕 쳤다.

"박사님! 이 일이 얼마나 심각한 줄 몰라요? 꿀벌이 사라지면 4년 안에 인류가 사라진다고 아인슈타인이 그랬잖아요. 벌은 가루받이에 가장 중요한 곤충이니까요."

"그래도 나를 아프게 했는걸."

 가장 부지런한 가루받이 곤충, 꿀벌

동물과 마찬가지로 식물도 짝짓기를 해야 열매를 맺을 수 있다. 수술의 꽃가루가 암술 속의 씨방으로 들어가 밑씨와 만나면 식물의 짝짓기가 이루어진다. 이러한 식물의 짝짓기를 가루받이라고 한다. 어떤 식물은 바람에 꽃가루를 날려 보내 가루받이를 하지만 대부분의 식물들은 곤충을 통해 가루받이를 한다.

곤충은 단백질이 풍부한 꽃가루와 영양이 가득한 달콤한 꿀을 먹기 위해 이 꽃 저 꽃으로 날아다니는데, 그 과정에서 자연스럽게 가루받이가 이루어진다.

특히 양봉에 주로 쓰이는 꿀벌은 벌통 하나당 하루에 약 2,500만 송이의 가루받이를 할 정도로 열심히 꿀을 모은다. 박쥐, 먹파리, 벌새, 나비 등이 가루받이를 해 주는 것과는 비교할 수 없을 정도로 많은 양이다. 그래서 식물의 가루받이나 식물의 생존에 가장 중요한 곤충은 꿀벌이라 할 수 있다.

팽 박사가 입을 삐죽거렸다.

"꿀벌이 없으면 가루받이가 잘 안 돼서 박사님이 좋아하는 아몬드도, 딸기도, 사과도 못 먹을지 몰라요. 그걸로 만드는 아이스크림도 못 먹고요. 그래도 좋아요?"

'아이스크림'이라는 말에 팽 박사는 정신이 번쩍 났다.

"안 돼, 그럴 순 없어. 지나 양 내가 꿀벌을 찾을게. 꿀벌을 찾아내서 아이스크림을 구할 거야. 아이스크림 없는 세상에선 살 수 없어!"

팽 박사는 할아버지의 두 손을 덥석 잡았다.

"할아버지, 걱정 말아요. 내가 꿀벌을 찾아낼 테니까요. 위대한 팽 박사만 믿으세요."

"거미는 작아도 줄만 잘 친다더니 그래도 박사라고 뭘 좀 할 줄 아는 거여?"

'거미는 작아도 줄만 잘 친다.'라는 속담은 '크기가 작아도 제 할 일은 잘한다.'라는 뜻이에요.

"네, 그럼요!"

"약속한 거여. 꿀벌을 못 찾으면 평생 벌집에 가둬 놓고 청소를 시킬 테니 알아서 하라고."

"당연하죠! 나로 말할 것 같으면 노벨상을 받을 뻔한 위대한 팽 박사니까요."

팽 박사는 자신만만하게 말했지만 '벌집 청소'라는 말이 살짝 마음에 걸렸다.

3. 꿀벌 실종 사건, 내게 맡겨라

다음 날 팽 박사는 새벽같이 일어나 지나와 함께 벌통으로 달려갔다. 꿀벌의 침에 쏘이는 것을 막기 위해 두꺼운 옷을 두 벌씩이나 겹쳐 입고서 말이다.

벌통 앞은 조용했다. 벌통 밖으로 나와 있는 꿀벌은 거의 없었다.

"뭐야? 꿀벌은 부지런하다더니 완전 늦잠꾸러기네. 이것 봐, 꿀벌들! 일찍 일어난 꿀벌이 꿀을 많이 모으는 거 몰라? 얼른 일어나. 꽃을 찾아가라고."

팽 박사는 벌통 앞에서 고래고래 소리를 질렀다. 하지만 벌들은 해가 뜰 때까지 움직이지 않았다. 변온동물인 곤충은 해가 뜬 뒤 몸을 조금씩 움직여 체온을 올려야 활동할 수 있기 때문이다.

드디어 해가 뜨자 스무 마리 정도 되는 정찰 벌들이 벌통 밖으로 나와 멀리 날아가기 시작했다. 팽 박사는 벌들을 쫓아갔다. 그런데 벌들이 사방으로 제각각 흩어지는 게 아닌가.

"한곳으로 가야지, 모두 흩어지면 어떡해. 난 누구를 따라가란 말이야?"

팽 박사는 자신을 기다려 주지 않고 날아가는 벌들을 모두 놓치고 말았다.

팽 박사는 다시 벌통 앞으로 돌아와 어슬렁거렸다. 그런데 벌통 앞에는 팽 박사 말고 또 다른 누군가가 어슬렁거리고 있었다. 바로 손가락만 한 장수말벌이었다.

"으악, 말벌이다!"

팽 박사는 지나가 있는 쪽으로 달려가 얼른 지나의 등 뒤에 숨었다.

 꿀벌의 천적, 장수말벌

장수말벌은 꿀벌의 500배나 되는 독을 가진 무시무시한 벌이다. 물면서 동시에 침을 쏘는데, 침을 쏘고 난 뒤에도 꿀벌처럼 죽지 않는다. 먹이가 부족하면 꿀벌이 사는 곳으로 쳐들어가 꿀벌을 모두 죽이고 알과 애벌레, 번데기를 몽땅 훔쳐서 말벌의 애벌레들에게 먹이로 준다.

장수말벌도 꿀벌처럼 집단을 이루고 산다. 가을에 짝짓기를 하고 고목나무 속에서 겨울잠을 잔 여왕벌은 봄에 꽃꿀과 나무 수액으로 영양을 보충하고, 땅을 파서 집을 짓고 무리를 이룬다.

"숨으면 어떡해요. 어서 말벌을 쫓아야죠. 안 그러면 꿀벌을 다 잡아먹는단 말이에요."

지나는 나뭇잎이 많이 달린 나뭇가지에 불을 붙여 연기를 말벌 쪽으로 보냈다. 말벌은 꿀벌과 달리 여러 번 침을 쏠 수 있고 그 독도 훨씬 강해서 함부로 다루면 큰일이 날 수도 있었다.

"지나 양, 그냥 둬. 말벌 화나게 하지 마. 그러다 침에 쏘이면 어떡해!"

팽 박사가 저만치 달아나 꽥꽥 소리만 질렀다. 하지만 지나는 벌써 꿀벌을 몇 마리나 물어 죽인 말벌을 그냥 둘 수 없었다. 까딱 잘못하다가는 말벌들이 떼로 몰려와 꿀벌들을 모조리 죽이고 애벌레와 번데기를 싹 가져갈 것이다. 실제로 먹이가 부족한 가을에는 가끔 그런 일이 일어났다.

지나가 자꾸 연기를 피워 대자 말벌도 귀찮았는지 꿀벌 사냥을 멈추고 다른 데로 날아갔다.

"큰일 날 뻔했네. 하마터면 벌통을 통째로 잃을 뻔했어."

지나가 가슴을 쓸어내렸다. 그 때 팽 박사가 느닷없이 손뼉을 치며 좋아했다.

"바로 그거구나! 알아냈어, 알아냈다고! 지나 양, 꿀벌 실종의 원인을 알아냈어."

팽 박사는 당장 할아버지한테 달려갔다. 그러고는 잔뜩 뻐기며 꿀벌 실종 사건의 원인을 밝혔다.

"꿀벌 실종은 말이죠, 말벌 때문이에요. 제가 방금 봤는데 말벌이 꿀벌의 벌통을 공격하더라고요. 말벌이 꿀벌을 통째로 먹어 버려서 꿀벌이 사라진 거예요. 그래서 흔적도 남지 않은 거죠."

자신만만하게 발표를 마친 팽 박사에게 할아버지의 억센 꿀밤이 날아왔다.

"예끼, 이놈아. 이 근처에 장수말벌이 얼마나 있다고 일 년 새 벌통을 백 개나 없애겠냐? 그리고 말벌 공격을 받은 벌통 주변이 어떤 줄 알아? 꿀벌 시체가 즐비하단 말이여. 거미줄로 방귀 동이지 말고 더 알아봐."

'거미줄로 방귀 동이다.'라는 속담은 '매우 가는 거미줄로 모습도 없는 방귀를 둘러 묶을 수는 없다.'라는 뜻으로, 어떤 일을 할 때 건성으로 대충하는 체만 하는 모습을 이르는 말이에요.

할아버지의 호통에 팽 박사는 그만 기가 죽었다. 팽 박사는 다시 벌통 앞으로 돌아와 쭈그리고 앉았다.

"꿀벌들아! 실종된 네 친구들은 어디로 갔니? 말 좀 해 봐. 응?"

그 때 꽃을 찾으러 나갔던 정찰 벌이 꽃가루를 잔뜩 뒤집어쓴 채 돌아와 벌통 안으로 들어갔다. 정찰 벌은 자기가 가져온 꿀 한 방울을 입에 물고 다른 벌에게 맛을 보여 주었다.

'맛이 좋지? 이 꿀이 어디 있는지 알려 줄게.'

정찰 벌은 8자 춤으로 꽃밭의 위치를 말해 주었다. 여러 마리의 일벌들이 정찰 벌을 졸졸 따라다니며 춤의 뜻을 알아듣고 밖으로 날아갔다.

"네 친구들은 어디 갔냐고? 말 좀 해 보라고. 너희들은 왜 말도 못 하냐? 이 바보들아!"

팽 박사가 또다시 소리쳤다. 순간 꿀벌들은 몹시 자존심이 상했다. 꿀벌의 춤 언어도 모르면서 오히려 꿀벌을 바보 취급했으니 말이다.

"에잇! 아무리 봐도 모르겠어!"

팽 박사는 벌통 앞에 털썩 주저앉았다.

"벌써부터 포기하는 거여? 내 꿀벌을 안 찾겠다고?"

할아버지가 불쑥 나타나 호통을 쳤다. 팽 박사는 얼른 돋보기를 들고 벌통을 들여다보는 시늉을 했다.

"누가 포기한대요? 전 이미 꿀벌이 왜 사라졌는지 알고 있다고요. 꿀벌이 사라진 건 그게 음······, 외계인 때문이에요. 밤에 외계인이 몰래 와서 꿀벌의 뇌에 전자 칩을 심었어요. 자기네 별로 데려가 꿀을 모으게 하려는 수작이죠. 그러니까 할아버지네 벌은 외계로 떠난 최초의 꿀벌이에요. 자랑스럽죠? 하지만 우주는 너무 멀어서 돌아오기는 어렵······."

"예끼, 이놈. 그런 엉터리 같은 소리만 지껄이려거든 당장 벌통 청소나 혀."

벌이 가득한 벌통 속에 손을 집어넣고 청소를 하지 않으려면 팽 박사는 얼른 외계인의 납치보다 더 믿을 만하고 과학적으로 보이는 이유를 생각해야 했다.

"잠깐만요, 잠깐만요. 그게 아니라…… 음, 나의 날카로운 눈으로 관찰한 결과 범인은 기생충이에요. 기생충이 꿀벌의 뇌로 들어가서 도망가게 만드는 거죠."

"기생충? 우리 벌통이 얼마나 깨끗한데 보고도 몰러? 우리 벌통에는 응애도 별로 없어. 벌통 주위도 얼마나 깨끗한디……."

호통을 치던 할아버지가 문득 말을 멈추고 벌통을 둘러보았다. 무언가에 놀란 듯 얼굴이 창백해진 할아버지는 재빨리 달려가 빈 벌통을 살펴보았다. 벌통 안에는 죽은 애벌레 몇 마리가 반쯤 마른 상태로 굴러다니고 있었다. 할아버지는 빈 벌통을 하나하나 자세히 살펴보았다.

"벌집나방이 왜 한 마리도 없는 거여?"

"벌집나방이 없으면 좋잖아요. 벌집나방이 얼마나 귀찮은데요."

지나가 말했다. 벌집나방은 몰래 벌집에 침입하여 꿀과 꽃가루를 훔쳐 먹고, 심지어 벌집까지 축내는 아주 고약한 해충이었다. 아무리 벌집 청소를 깨끗하게 해도 꼭 몇 마리씩 나타나 말썽을 피웠다. 이런 벌집나방이 저절로 사라졌다면 꿀벌에게는 아주 기쁜 소식일 것이다.

"벌집나방도 살 수 없는 곳이 된 거여? 내 벌통이?"

할아버지는 침통한 표정으로 고개를 숙였다. 다시 고개를 든 할아버지의 눈에서 굵은 눈물 방울이 뚝뚝 떨어졌다. 누가 울면 일단 따라 울고 보는 팽 박사의 눈에도 눈물이 맺혔다. 팽 박사는 할아버지를 꼭 껴안았다.

 ### 꿀벌을 괴롭히는 천적

꿀벌응애, 벌집나방, 왕잠자리, 장수말벌, 두꺼비, 개구리 등이 모두 꿀벌을 괴롭히는 적들이다.

꿀벌응애는 꿀벌을 가장 괴롭히는 진드기로, 다리가 8개 달린 거미강에 속하는 절지동물이다. 다 자란 꿀벌이나 애벌레의 체액을 빨아 먹는다. 벌집나방은 벌집에 기생해 살면서 꽃가루와 꿀을 훔쳐 먹고, 벌집 내부의 방이나 벌집 전체를 망가뜨린다. 그 외 왕잠자리, 장수말벌, 두꺼비, 개구리 등은 꿀벌을 잡아먹는다.

"할아버지, 울지 말아요. 내가 찾아 준다고 했잖아요. 팽 박사의 이름을 걸고 꼭이요."

팽 박사는 꿀벌 연구에 더욱 열중하기로 했다. 그러나 당장은 배가 너무 고팠다. 팽 박사는 꿀벌 농장까지 배달을 해 주는 유일한 음식인 자장면을 시켰다. 멀리서 오토바이 소리가 나자 팽 박사는 얼른 신문지를 펼쳤다.

"앗!"

팽 박사가 느닷없이 소리를 지르며 신문지를 번쩍 들어 올렸다. 신문에는 미국 플로리다의 곤충보호협회 소속인 조조의 인터뷰가 실려 있었다.

"이런! 다른 나라에서도 꿀벌이 사라지고 있대. 우리나라뿐 아니라 미국에서도, 이탈리아에서도……."

"자장면 어디에 둘까요?"

배달원 아저씨가 철가방에서 구수한 자장면을 꺼내는 데도 팽 박사는 신문을 바닥에 놓을 수 없었다.

팽 박사는 벌떡 일어났다.

"할아버지, 당장 미국으로 가야겠어요. 미스터 조조를 찾아서 이 문제에 대한 해결 방법을 함께 찾아봐야겠어요."

"갈 때 가더라도 자장면은 먹고 가요. 곱빼기까지 시켜 놓고 그냥

가면 누가 먹으라고요."

늘 진지하게 결심하지만 금세 포기하는 팽 박사를 자주 지켜본 지나는 이번에도 심각하게 받아들이지 않았다. 하지만 할아버지는 달랐다. 지푸라기라도 잡고 싶은 심정으로 팽 박사의 손을 덥석 잡았다.

"그려, 얼른 다녀와. 자네만 믿네."

할아버지는 지나도 재촉했다.

"지나야, 너도 어여 가방을 싸야지. 넌 팽 박사의 조수 아니냐. 팽 박사님이 딴 데 신경 안 쓰고 집중해서 연구하게 조수 노릇 잘혀, 알았지?"

"할아버지! 난 싫어요. 조수는 벌써 그만 뒀다고요."

지나가 고개를 절레절레 흔들었다. 하지만 지나는 할아버지의 고집을 꺾을 수 없었다.

결국 지나는 팽 박사를 따라 미국행 비행기에 몸을 실었다.

춤으로 말해요!

꿀벌은 좋은 꽃밭을 발견했을 때 춤을 추어 꽃밭의 위치를 말한다. 물고 온 꿀을 다른 일벌에게 맛보인 뒤 날개를 몸에 붙인 채 뒷몸통을 '드르르륵' 흔들며 춤을 춘다. 다른 꿀벌들이 '드르르륵' 소리를 쫓아가면 꽃밭의 위치를 알게 된다.

춤은 2종류가 있는데, 꽃이 벌통에서 100m 이내에 있을 때 거리를 알리는 '원무'와 100m 이상 떨어져 있을 때 거리와 방향을 알리는 '꼬리춤'이 있다.

원무(round dance)는 그 이름대로 원을 그리면서 불규칙하게 빙글빙글 돌며 바로 근처에 꽃이 있다는 것을 알린다. 꼬리춤(tail-wagging dance)은 규칙적으로 8자를 그리는 것으로, 8자의 가운데 연결 부분에서 특히 배 부분을 심하게 진동시킨다. 100m일 때는 15초 간격으로 9~10회, 1000m가 되면 4~5회, 6000m일 때는 2회로, 회전수가 많을수록 가깝고 적을수록 먼 거리를 나타낸다. 그리고 8자의 연결 부분에서 벌이 움직이

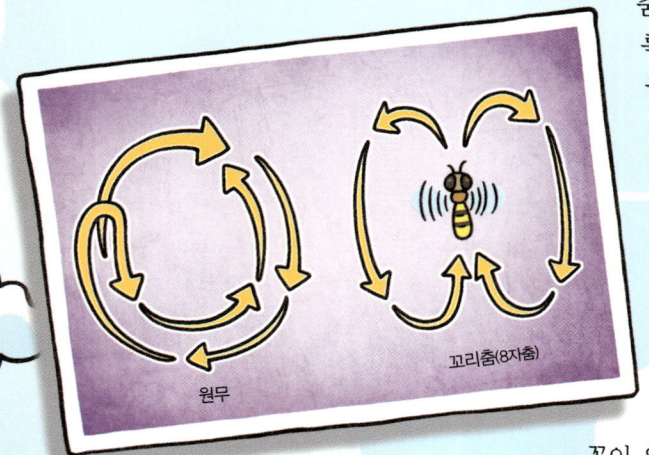

원무   꼬리춤(8자춤)

는 방향과 중력의 반대 방향이 이루는 각도가 벌통과 태양을 연결하는 선에 대한 꽃의 방향을 나타낸다. 예를 들면 꿀벌의 움직임이 바로 위를 향하고 있을 때에는 태양의 방향으로 날아가면 꽃이 있다는 뜻이다.

냄새와 소리로도 말해요!

꿀벌도 개미처럼 페로몬이라는 호르몬을 분비해 냄새로 의사소통을 한다. 위험이 닥치면 꿀벌은 꽁지의 독침 부분에 있는 페로몬을 풍긴다. 여왕벌은 여왕물질이라는 특수한 페로몬을 풍겨서 암컷 벌들이 알을 낳지 못하게 하고 일벌로 만든다. 한편 컴컴한 벌통 속에서 꿀벌들은 날개 떠는 소리를 내어 의사소통을 하기도 한다.

4. 왕바퀴벌레의 고향으로!

기나긴 비행 끝에 미국에 도착한 팽 박사는 미스터 조조가 있는 플로리다의 한 마을로 찾아갔다. 넓은 들 한가운데에 맑은 자연 호수가 있는 아름다운 마을이었다. 들에는 꿀벌 농장과 꿀벌의 도움을 받아 탐스러운 열매를 수확하는 과수원이 펼쳐져 있었다.

곤충보호협회 사무실은 마을에서 조금 떨어져 있었다. 건물이 너무 크고 세련돼서 자연 풍경과 썩 어울리지 않았다.

"한국에서 온 팽 박사? 아, 반가워요."

미스터 조조는 금박을 입힌 빳빳한 명함을 내밀었다.

'플로리다 주 곤충보호협회 곤충 실종 사건 전담 지부장.'

영어가 서투른 팽 박사는 조조의 긴 직책을 읽는 데 한참 걸렸다. 성격이 아주 급한 조조는 팽 박사가 명함을 다 읽을 때까지 기다리지 못하고 먼저 말을 꺼냈다.

"한국에서도 꿀벌이 실종된다고요?"

아직도 명함을 읽고 있던 팽 박사가 고개만 끄덕였다.

"이거 정말 큰일이에요. 우리 미국에서는 FBI(미국연방수사국)까지 나서서 꿀벌 실종의 원인을 조사했지만 아직 밝히지 못했어요. 휴대전화 전자파, 꿀벌응애, 기후 변화, 새로운 바이러스까지 찾는 중이지요. 결국 우리가 해결 방법을 찾아낼 거예요. 그러려고 이 협회를 만들었죠."

아직도 명함을 다 읽지 못한 팽 박사가 고개만 끄덕였다.

"팽 박사님도 회원으로 가입하세요. 회비는 1년에 천 달러예요. 신청서는 비서에게 받아 가시고, 회비를 낸 다음에 그때 다시 이야기합시다."

조조는 자기 할 말만 늘어놓고 쌩하니 나가 버렸다. 겨우 명함을 다 읽은 팽 박사는 물어보고 싶은 게 많았지만 조조는 이미 사라진 뒤였다.

"뭐야, 저 사람! 기분 나빠."

지나가 팽 박사 대신 툴툴거렸다.

팽 박사와 지나는 임시로 얻은 집으로 돌아왔다. 팽 박사는 마을에서 가장 큰 땅을 가진 앤트의 할머니네 집에 머물며 미국의 꿀벌 실종과 조왕벌 할아버지네 꿀벌 실종의 공통점을 연구할 계획이었다.

앤트네 할머니 집은 뒤로 낮은 산과 넓은 꿀벌 농장, 젖소 농장, 아몬드 과수원이 펼쳐져 있어 동물학자가 머물기에 아주 적당했다. 그런데 짐을 풀기도 전에 지나가 소리를 꽥꽥 지르며 팽 박사의 방으로 뛰어왔다.

"꺄악! 박사님, 바퀴벌레가 나타났어요. 엄청 커요. 괴물 같아요.

어떡해!"

"몰라잉, 지나 양이 잡아야지 나한테 오면 어떡해?"

팽 박사는 바퀴벌레가 지나의 방에서 제 방으로 들어올까 봐 얼른 방문을 꼭 닫았다.

"박사님이 잡아요. 박사님은 남자잖아요."

"남자가 뭐? 남자는 바퀴벌레를 더 무서워 해. 그러니까 지나 양이 잡아. 빨랑!"

팽 박사의 말도 안 되는 핑계에 지나는 울고 싶어졌다. 한국의 바퀴벌레보다 열 배나 큰 바퀴벌레를 때려잡느니 창문을 넘어 도망가는 게 나을 것 같았다. 지나는 창문 밖을 쳐다보았다. 마침 할머니의 손자인 앤트가 들어오고 있었다.

"앤트, 앤트. 내 방에 바퀴벌레가 나타났어. 좀 잡아 줘, 빨리! 무서워 죽겠어."

앤트는 느릿느릿 방으로 들어오며 물었다.

"바퀴벌레는 독도 없고, 물지도 않는데 잡아서 뭐 하려고요?"

"하긴 뭘 해? 징그러우니까 그렇지."

팽 박사와 지나가 동시에 소리쳤다.

"내가 보기엔……, 아니 바퀴벌레가 보기엔…… 두 분도 썩 아름답지 않을 텐데요. 히히."

그래도 앤트는 지나 방으로 들어갔다. 바퀴벌레는 여전히 침대 옆의 벽에 붙어서 느릿느릿 움직이고 있었다. 그동안 보아 온 독일바퀴나 미국바퀴의 교활하고 재빠른 움직임과는 사뭇 달랐다. 앤트는 엄청 큰 바퀴벌레를 맨손으로 쉽게 잡았다.

"괜찮아. 넌 어디서 왔니? 처음 보는 녀석인데?"

쉬쉬쉬. 바퀴벌레가 괴상한 소리를 냈다. 팽 박사는 소름이 오싹 끼쳤다.

"죽여! 죽이라고! 엄청 크잖아."

앤트가 팽 박사를 빤히 쳐다보았다.

"바퀴벌레는 해충이잖아. 한 마리가 나타났다는 건 수천 마리가 집에 있다는 뜻이야. 죽이지 않으면 그 수가 더 많아질 거야. 어서 죽여!"

"바퀴벌레는 절대로 남을 해치지 않아요. 개미 한 마리도 못 죽이죠. 알고 보면 바보예요."

앤트는 두 손을 새장처럼 만들어 바퀴벌레를 조심스럽게 감싼 뒤 제 방으로 들어갔다. 그리고는 투명한 플라스틱 상자에 바퀴벌레를 넣었다. 바퀴벌레가 좋아할 만한 썩은 나무토막도 같이 넣어 주었다.

앤트의 방에는 플라스틱 상자와 유리병, 수족관 따위가 어지럽게 쌓여 있었다. 가장 큰 플라스틱 상자에는 개미집이 통째로 들어 있었고, 커다란 유리병에는 말벌집이 들어 있었다. 수십 개가 넘는 작은 유리병에는 매미, 풍뎅이, 나방, 여왕벌 등 곤충 표본이 들어 있었고, 수족관에는 알록달록한 금붕어 대신 물장군과 물방개, 물자라 등 수서곤충이 가득했다. 앤트는 곤충을 무척 좋아했다.

쉬쉬쉬 쉬쉬쉬쉬.

다음 날 아침, 팽 박사는 이상한 자명종 소리에 눈을 떴다. 벽지에 그려진 갈색 무늬들이 눈에 띄었다.

"이상하네. 원래 벽지에 무늬가 있었나?"

팽 박사는 잠이 덜 깬 눈을 비비고 다시 한 번 벽을 쳐다보았다.

"꺄악! 꺅! 꺅! 꺅!"

그 때 지나의 방에서 비명 소리가 터져 나왔다.

"으악! 악! 악! 악!"

팽 박사도 비명을 질렀다. 두 사람은 집 밖으로 뛰쳐나갔다. 마침 마당 구석에 쪼그리고 앉아 개미집을 구경하던 앤트가 놀라며 일어섰다.

"바, 바퀴벌레……. 어제 그 괴물 같은 바퀴벌레가 우리 방에 있어. 엄청 많아."

"내 방에도 있어. 네가 어제 그놈을 살려 주는 바람에 수천 마리가 나온 거잖아. 책임져!"

앤트가 천천히 고개를 갸웃거렸다.

"빨리 좀 가 보라고!"

팽 박사는 앤트의 느린 행동이 못마땅해서 버럭 소리를 질렀다. 따지고 보면 앤트가 바퀴벌레를 잡아 줘야 할 이유도 없는데 말이다. 그러나 앤트는 화도 내지 않고 씨익 웃으며 천천히 걸어 가서 팽 박사와 지나의 방문을 열었다.

"또 마다가스카르히싱바퀴벌레네. 원래 미국에선 살지 않는

 마다가스카르히싱바퀴벌레(마다가스카르휘파람바퀴벌레)

바퀴벌레 중 몸집이 가장 큰 바퀴 중 하나인 마다가스카르히싱바퀴벌레는 배에 있는 공기구멍으로 공기를 내보내 '쉬쉬쉬' 하는 휘파람 소리를 낸다. 이 소리는 매우 커서 3.5m 떨어진 곳에서도 들을 수 있다. 수컷은 암컷을 부를 때, 짝짓기를 할 때, 다른 수컷과 싸울 때 이 소리를 낸다. 위험에 처하면 암수 모두 소리를 내며, 이런 소리 때문에 애완용으로도 사랑받는다.

데……."

앤트는 팽 박사와 지나의 방에 있던 바퀴벌레 여덟 마리와 복도를 지나던 두 마리, 현관문 뒤에 있던 한 마리, 할머니 방에서 낮잠을 자던 세 마리까지 모두 합쳐 열네 마리의 바퀴벌레를 단 한 마리도 죽이지 않고 소중히 잡아서 상자에 넣고 뚜껑을 꽉 닫았다.

그러나 커다란 바퀴벌레는 사라지지 않았다. 심심할 때면 몇 마리씩 나타나 팽 박사와 지나의 심장을 오그라들게 만들었다. 미국에 온 지 벌써 여러 날이 지났지만 팽 박사는 바퀴벌레가 무서워서 아직 꿀벌 연구를 시작하지도 못했다.

"더는 참을 수 없어. 집중이 안 돼서 연구를 할 수 없잖아!"

팽 박사는 마을에서 가장 크다는 제이제이 해충 퇴치 회사를 찾아갔다.

제이제이 해충 퇴치 회사의 사장은 뜻밖에도 조조였다. 조조는 팽 박사를 별로 반가워하지 않았다.

"팽 박사님! 여긴 웬일이죠? 꿀벌은 취급 안 하는데요."

"미스터 조조야 말로 웬일이에요? 곤충을 보호하자면서 해충 퇴치 회사는 뭐예요? 해충도 엄연한 곤충인데?"

"저는 곤충 보호 차원에서 해충 퇴치 회사를 열었지요."

팽 박사는 고개를 갸웃거렸다.

"팽 박사님, 지구의 모든 곤충을 보호한답시고 모기가 넘쳐 나면 좋겠어요? 온 세상에 파리나 구더기가 가득하면 좋겠냔 말이에요? 바퀴벌레를 이불처럼 덮고 자면, 또 꿀벌처럼 귀한 곤충이 응애 같은 기생벌레에 시달리면 좋겠어요?"

조조의 물음에 팽박사는 생각만 해도 소름이 오스스 돋았다.

"그게 바로 내가 해충 퇴치 회사를 연 이유예요. 좋은 곤충은 보호하고 해충은 싹 없애 버려야지요."

"맞아요. 우리 집 바퀴벌레를 싹 다 없애 줘요! 너무 커서 도저히 내 손으론 못 잡겠어요."

"아, 바퀴벌레! 그게 내 전문이죠. 돈만 내요!"

"좋아요."

팽 박사가 당장 지갑을 꺼냈다. 생각보다 비쌌지만 바퀴벌레를 없앨 수만 있다면 상관없었다.

"어떤 바퀴벌레죠?"

"엄청 큰 바퀴벌레예요. 앤트가 그러는데 마다가스휘파람 뭐라나?"

"앤트?"

조조가 얼굴을 찌푸렸다.

"우리가 앤트 집에 머물고 있거든요. 바퀴벌레가 나타나면 앤트가 잡아 주긴 하는데, 죽이질 않아서 그런지 또 나타나고, 또 나타나고, 또……."

"걱정 마세요. 우리 제이제이 해충 퇴치 회사에서는 바퀴벌레를 죽일 수 있는 온갖 종류의 살충제를 다 가지고 있어요. 바퀴벌레의 신경을 마비시켜 죽이는 약, 바퀴벌레의 피부에 곰팡이를 생기게 하여 죽이는 약, 바퀴벌레가 새끼를 낳지 못하게 막는 약, 바퀴벌레가 배고픔을 느끼지 못하게 하여 굶어 죽게 하는 약……."

약의 효과를 들을수록 팽 박사는 속이 거북해졌다. 팽 박사는 조심스레 물었다.

"그렇게 독한 약이면 꿀벌처럼 다른 곤충이나 사람한테도 나쁘지 않을까요?"

"지금 우리 제이제이를 무시하는 거예요? 우리 살충제는 모두 정부의 허가를 받은 친환경 제품이란 말이에요."

다음 날 아침, 조조는 엄청나게 큰 살충제 트럭을 몰고 팽 박사가 있는 집으로 왔다. 곤충 소년 앤트의 집에 살충제를 뿌린다는 소문을 듣고 마을 사람들도 구경을 나왔다.

조조는 일꾼들과 함께 커다란 비닐로 집 전체를 감쌌다. 창문과 현관문까지 모조리 싼 다음 온갖 살충제가 든 커다란 통을 들고 집 안으로 들어왔다.

"살충제를 뿌릴 테니까 다른 사람들은 모두 나가 있어요."

팽 박사와 지나와 할머니는 얼른 밖으로 나갔다. 앤트가 마지막으로 뛰쳐나와 할머니에게 매달렸다.

"안 돼요, 할머니. 절대 안 돼요. 살충제를 뿌리면 내 친구들이 모두 죽는다고요!"

"앤트야, 네 친구들을 죽일 생각은 조금도 없어. 하지만 손님들이 바퀴벌레 때문에 견딜 수 없다고 하니 어쩌겠니? 손님들을 좀 편안하게 해 주자꾸나. 응?"

"그냥 좀 참으면 되잖아요. 바퀴벌레들이 크게 방해하진 않잖아요. 살충제를 뿌리면 바퀴벌레뿐 아니라 다른 곤충들도 모두 죽을 거예요."

"아니야, 바퀴벌레만 골라 죽이는 약이래."

지나가 앤트의 등을 두드리며 달래 보았다. 하지만 앤트는 집을 둘러싼 비닐을 찢고 살충제 통을 밖으로 내던졌다. 느리고 조용하던 평소의 앤트와 전혀 다른 모습에 할머니는 깜짝 놀랐다.

"바퀴벌레만 골라 죽이는 약은 없어요. 그럼 우리더러 왜 집 밖에 나가 있으라고 해요? 결국 다른 곤충들에게, 다른 모두에게 나쁜 영향을 끼칠 거예요. 할머니, 갑자기 왜 외국 바퀴가 나타나는지 원인을 찾아봤어요. 도마뱀의 먹이로 바퀴벌레를 마구잡이로 수입하고 있는

데, 거기서 나온 것 같아요. 다른 대륙의 곤충을 함부로 수입하는 사람들을 막아야 해요. 우리 집에 있는 바퀴벌레만 죽이는 건 소용없다고요. 할머니, 살충제를 뿌리지 못하게 해 주세요. 제가 곤충을 얼마나 좋아하는지 아시잖아요. 네?"

앤트가 할머니의 손을 잡고 사정했다. 눈물까지 글썽이는 앤트를 보자 할머니는 마음이 흔들렸다. 팽 박사도 약해지는 마음을 다잡으며 조조가 했던 말을 떠올렸다.

"앤트야, 곤충을 보호한답시고 모기가 넘쳐 나면 좋겠니? 온 세상에 파리나 구더기가 가득하면 좋겠어? 바퀴벌레를 이불처럼 덮고 자면 좋겠냐고?"

"인간에게 해를 끼치는 곤충은 전체의 2%도 안 돼요. 그걸 잡겠다고 살충제 따위로 자연을 파괴하니까 생태계가 깨져서 해충만 늘어나는 거예요."

앤트가 끝까지 반대를 하자 조조는 참을 수 없었다.

"할머니, 도대체 바퀴벌레를 잡을 거요, 말 거요? 이대로 있다가 온 마을이 왕바퀴벌레 판이 되어도 좋겠어요? 개 물그릇에 저렇게 큰 바퀴벌레가 허우적대고 있는 모습을 상상해 보세요."

"오! 안 돼요."

"절대로 그런 일만은."

이번에는 구경 나온 사람들이 한목소리로 외쳤다.

"당장 살충제를 뿌려요. 한 마리도 살려 두지 말아요."

주먹을 휘두르는 사람들도 있었다. 앤트가 간절한 눈빛으로 할머니를 쳐다보았다.

"앤트야, 나도 어쩔 수 없구나. 난 바퀴벌레가 그렇게 불편하지 않다만 사람들이 겁에 질렸잖니?"

"바퀴벌레는 생각처럼 나쁜 벌레가 아니에요. 안 그래요, 지나 누나?"

앤트가 눈물이 그렁그렁한 눈으로 지나를 쳐다보았다. 순수한 눈물에 지나는 그만 마음이 약해졌다. 원래 남자가 우는 것을 그냥 두고 보지 못하는 지나가 아닌가.

"물론 그렇기는 하지. 바퀴벌레는 사람을 물지 않으니까. 또 독을 쏘지도 않고……. 생각해 보니 그렇게 나쁜 벌레는 아니네. 하, 하, 하."

지나가 억지로 대답했다. 그런데 말하고 보니 바퀴벌레가 정말로 나쁜 벌레는 아니었다. 바퀴벌레의 죄를 묻자면 혐오스럽게 생긴 죄, 느닷없이 나타나는 죄, 기분 나쁘게 더듬이를 흔드는 죄, 사람이 버린 음식물을 먹겠다고 다가온 죄밖에는 없었다. 독한 약으로 바퀴벌레를 모조리 멸종시켜야 할 만큼 무거운 죄는 없었다.

"그래, 우리가 저 녀석들을 마다가스카르로 돌려보내 주자. 그럼 살충제로 죽이지 않아도 마을에서 사라지게 할 수 있잖아."

"좋아요! 당장 떠나요."

앤트의 얼굴이 환해졌다.

하지만 팽 박사는 마다가스카르에 가고 싶은 생각이 눈곱만큼도 없었다. 미국에 있는 마다가스카르히싱바퀴벌레도 너무 싫은데, 마다가스카르까지 가서 이 거대한 바퀴벌레의 가족과 친구들까지 만나고 싶지는 않았기 때문이다.

 곤충의 더듬이

곤충은 코와 혀가 없는 대신 더듬이가 있어서 냄새를 맡고, 맛을 보고, 방향을 찾고, 짝짓기할 상대를 찾을 수 있다.

"지나 양, 꿀벌은 어쩌고? 난 꿀벌 연구를 하기 위해 여기에 왔다고."

"꿀벌이요? 그건 다녀와서 하죠, 뭐. 하, 하, 하."

지나는 소리 내어 웃었지만 웃는 게 웃는 게 아니었다.

바퀴벌레의 생태

마요 카메라로 찍은 찰칵

바퀴벌레의 시대

3억 4천여 년 전 지구에 처음 나타난 바퀴벌레들은 거대 양치식물과 이끼로 가득한 숲에서 엄청나게 번성했다. 과학자들은 이 시기를 '바퀴벌레의 시대'라고 부른다.

지금까지 알려진 바퀴벌레는 3,500여 종인데, 매년 400여 종씩 새로이 발견되고 있다. 적도를 중심으로 남북 30도 사이의 열대 산림 지역에 많이 산다.

바퀴벌레에 관한 궁금증

• 바퀴벌레는 평생 몇 마리의 자손을 낳을까?

평균 수명이 약 150일인 독일바퀴가 가장 많은 자손을 낳는다. 암컷은 평생 동안 8개의 알주머니를 만드는데 각 주머니에는 40개의 알이 들어 있다. 그러니까 암컷 한 마리가 5개월 동안 320마리의 새끼를 낳는 것이다. 이 새끼들이 다시 알을 낳으면 1년에 약 1,000만 마리, 1년 6개월에 100억 마리로 불어난다. 단, 한 마리도 죽지 않았을 때의 얘기다.

• 바퀴벌레는 정말 머리가 없어도 살 수 있을까?

바퀴벌레는 뇌가 두 개인 셈이다. 머리에 두 쌍의 신경절이, 꼬리에도 하나의 신경절이 있어서 머리가 잘려도 꼬리 쪽의 신경절을 이용하여 약 10일 동안 살 수 있다. 하지만 먹이를 먹을 수 없어서 결국에는 죽게 된다.

바퀴벌레의 천적들

생쥐 뭐든지 잘 먹는 생쥐는 바퀴벌레도 잘 먹는다.

사람 살충제, 두꺼운 책, 슬리퍼 등의 무기를 이용하여 바퀴벌레를 죽인다.

거미 잡다한 벌레들을 잡아먹는 거미는 바퀴벌레를 먹기도 한다.

지네 특히 어린 바퀴벌레를 만나면 한 마리도 남기지 않고 싹 먹어 치운다.

5. 무당벌레의 탈을 쓴 빈대에게 당하다

"나 때문에 가는 거니까 마다가스카르로 갈 준비는 내가 다 할게요."

앤트가 자신만만하게 말할 때까지만 해도 지나와 팽 박사는 비행기를 타고 편안하게 갈 줄 알았다. 하지만 생각지도 못한 문제가 생겼다. 항공사에서 바퀴벌레의 탑승을 거부한 것이다.

"이렇게 큰 바퀴벌레를, 이렇게 많이 실을 수는 없어요. 탑승객들이 알면 깜짝 놀랄 거예요. 바퀴벌레를 버리고 타든지 아니면 여러분들도 내리시든지 하세요!"

항공사의 강력한 반대에 못 이겨 결국 앤트는 '어떤 짐이든 실어 드립니다!' 라는 광고 문구를 내건 허름한 화물선의 표를 끊었다. 덕분에 지나와 팽 박사는 컨테이너가 산더미처럼 쌓인 화물선을 타야 했다.

"여기 선원들은 바퀴벌레를 좋아하는 거야? 그냥 바퀴벌레를 안 태워 주겠다고 했으면 얼마나 좋아. 그럼 아프리카까지 가지 않을 수도 있었을 텐데……."

팽 박사가 투덜거렸다. 그 때 팽 박사의 뒤로 독일바퀴가 더듬이를 쫑긋거리며 지나갔다. 선원들이 싫어하든 좋아하든 배에는 이미 표도 안 끊고 공짜로 탄 바퀴벌레들이 아주 많았다. 바퀴벌레뿐 아니라 바다에서는 살지 않는 여러 곤충들이 배를 타고 나라와 나라, 대륙과 대륙 사이를 이동했다. 그중 팽 박사를 가장 괴롭힌 곤충은 모기였다.

모기는 밤마다 팽 박사를 사정없이 물어뜯었다. 그 때문에 팽 박사는 아침마다 불평을 늘어놓았다.

 귓가에서 앵앵거리는 모기

모기는 길이가 0.5cm밖에 안 되지만 해마다 전 세계에서 2억~3억 명의 사람들을 괴롭히고 2백만 명의 목숨을 앗아간다. 황열병, 말라리아, 뇌염 등 치명적인 전염병을 일으키기 때문이다.

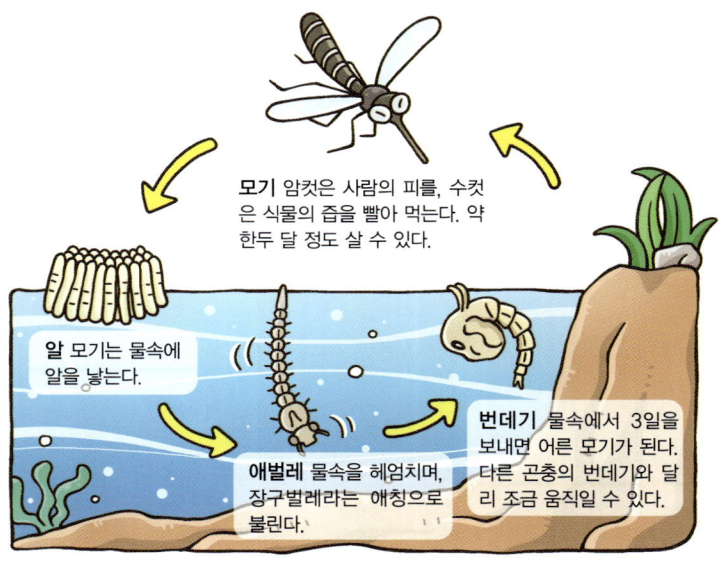

모기 암컷은 사람의 피를, 수컷은 식물의 즙을 빨아 먹는다. 약 한두 달 정도 살 수 있다.

알 모기는 물속에 알을 낳는다.

애벌레 물속을 헤엄치며, 장구벌레라는 애칭으로 불린다.

번데기 물속에서 3일을 보내면 어른 모기가 된다. 다른 곤충의 번데기와 달리 조금 움직일 수 있다.

"바다에도 모기가 살다니……. 정말 지긋지긋한 곤충이야."

"바다에 사는 게 아니라 배에 탄 거예요. 우리처럼요. 황열병을 일으키는 이집트숲모기도 서아프리카에서 출발한 노예선을 타고 미국으로 건너왔대요."

곤충 소년답게 앤트는 모기를 변호했다. 그러나 물린 자리를 긁느라 바쁜 팽 박사는 앤트의 말을 귀담아듣지도 않았다.

팽 박사는 밤마다 숨이 막힐 만큼 모기향을 피웠고, 냄새나는 물파스를 온몸에 도배하듯 발랐다. 그러나 모기는 공격을 멈추지 않았다. 게다가 한국 모기와는 달리 긁지 않고는 견딜 수 없게 가려웠다. 처음에는 오돌토돌하던 물린 자리가 긁을수록 흉측하게 부어올랐다.

"모기 때문에 잠을 못 자겠어. 앞으로 몇 밤이나 더 자야 도착하는 거야?"

며칠 뒤 눈이 퀭해진 팽 박사가 힘없이 물었다. 말 없이 모기 물린 자리를 긁던 앤트도 지나를 쳐다보았다.

"내일이면 도착해요. 박사님, 목욕 좀 하세요. 모기는 땀 냄새가 많이 나는 사람을 좋아해요."

지나가 '이때다!' 하며 팽 박사를 놀렸다. 팽 박사는 대꾸할 힘도 없어서 팔을 긁고 있는 앤트를 쳐다보며 중얼거렸다.

"곤충 사랑이 지극한 앤트도 모기 물린 데는 가려운 모양이구나."

그날 밤, 팽 박사는 이불로 온몸을 둘둘 감싸고 누웠다. 눕기만 하면 모기가 물어서 자는 게 두려웠다. 살짝 잠이 들었을까? 참을 수 없는 가려움으로 팽 박사가 벌떡 일어났다.

"이불 속에 숨어 있다 이거지?"

팽 박사는 재빨리 불을 켜고 이불을 확 젖혔다. 이불 위에는 모기는 없고 무당벌레 세 마리만 꿈틀거리고 있었다.

"무당벌레가 왜 침대 위에 있는 거야?"

팽 박사는 손으로 무당벌레를 획 밀었다. 좀 세게 쳤다고 느끼는 찰

 무당벌레

무당벌레는 하루에 30마리나 되는 진딧물을 잡아먹는 대식가이다. 농사에 해로운 진딧물을 먹는다는 이유로 사람에게 이로운 곤충으로 알려져 있다. 하지만 무당벌레를 잡아먹는 새들은 무당벌레를 고약한 곤충으로 여긴다. 무당벌레를 먹으려고 하면 무당벌레가 고약한 맛이 나는 노란 액체를 내뿜기 때문이다. 무당벌레의 화려한 무늬는 '먹으면 골탕 좀 먹을 거다!'라는 뜻의 경계색이다.

나 느닷없이 무당벌레의 등이 탁 터졌다. 순간 팽 박사의 온몸에 도돌도돌 소름이 솟구쳤다.

알고 보니 이 벌레들은 귀여운 무당벌레가 아니라 빈대였다. 팽 박사의 피를 하도 많이 빨아 먹어서 납작한 빈대가 무당벌레처럼 통통하게 변신한 것이었다.

배가 부른 빈대는 어그적어그적 달아났다. 뒤뚱거리는 뒷모습을 보고 있자니 팽 박사는 분노가 솟구쳐 올랐다. 부스스한 곱슬머리가 쭈뼛 섰다.

팽 박사는 침대로 달려가 엄지손가락으로 빈대를 꾹 눌렀다. 빨간 피가 툭 하고 터져 나왔다.

"감히 내 피를 빨아 먹어? 가만 두지 않을 테야!"

팽 박사는 미친 듯이 빈대를 눌러 죽였다. 침대 옆, 아래, 이불을 샅샅이 뒤져 눈에 띄는 빈대란 빈대는 모조리 눌러 죽였다. 눈에 보이는 빈대를 모두 죽이고 난 뒤 팽 박사는 전투에서 승리한 장군처럼 '하하하!' 하고 크게 웃었다. 그러고는 불을 끄고 도로 누웠다.

정확히 3분 뒤 팽 박사는 또다시 벌떡 일어났다. 빈대가 팽 박사의 통통한 허벅지를 물었기 때문이다. 팽 박사는 불을 켜고 이불을 홱 들췄다. 무당벌레의 탈을 쓴 빈대 두 마리를 또 발견했다. 팽 박사는 차분하게 빈대를 눌러 죽이고 갑판으로 나갔다. 더 누워 있어 봤자 잘 수 없을 게 뻔했다.

앤트가 갑판 구석에 서서 바람을 맞고 있었다. 두 손으로 온몸을 박박 긁으면서.

"빈대지?"

팽 박사가 묻자 앤트가 고개를 끄덕였다.

"내가 모기라 그랬을 때 빈대인지 벌써 알고 있었지?"

앤트가 웃으면서 고개를 끄덕였다.

"곤충 소년, 넌 빈대도 좋냐?"

앤트가 대답을 하지 않자 팽 박사는 다시 한 번 짓궂게 물었다.

"모기가 더 좋냐, 빈대가 더 좋냐?"

앤트가 웃으며 물었다.

"박사님은 마다가스카르히싱바퀴벌레가 좋아요? 이질바퀴벌레가 더 좋아요?"

둘 다 대답 대신 웃기만 했다. 어느덧 배는 천천히 아프리카 바다로 들어가고 있었다.

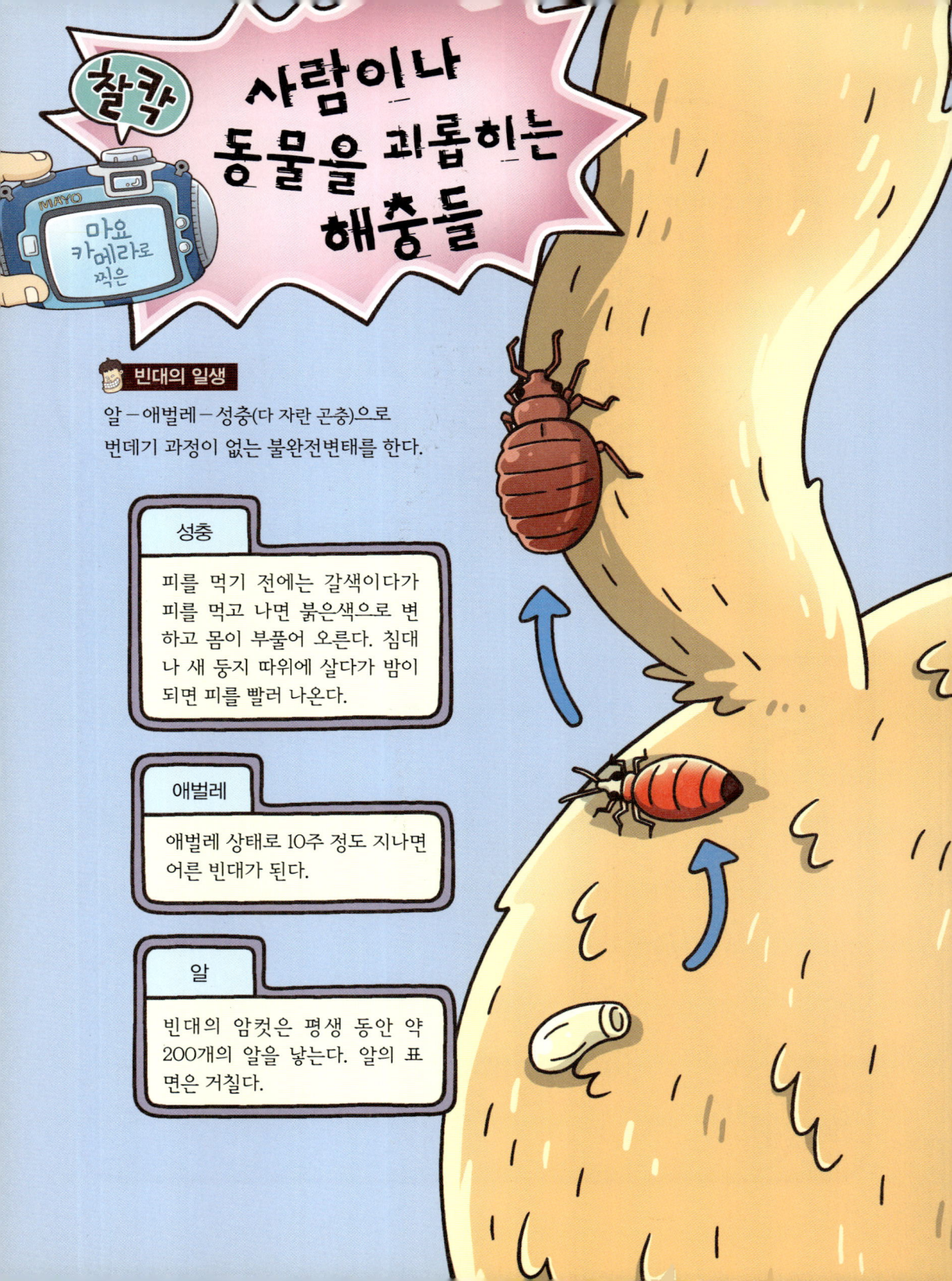

사람이나 동물을 괴롭히는 해충들

찰칵 마요 카메라로 찍은

빈대의 일생

알-애벌레-성충(다 자란 곤충)으로 번데기 과정이 없는 불완전변태를 한다.

성충
피를 먹기 전에는 갈색이다가 피를 먹고 나면 붉은색으로 변하고 몸이 부풀어 오른다. 침대나 새 둥지 따위에 살다가 밤이 되면 피를 빨러 나온다.

애벌레
애벌레 상태로 10주 정도 지나면 어른 빈대가 된다.

알
빈대의 암컷은 평생 동안 약 200개의 알을 낳는다. 알의 표면은 거칠다.

해충 삼총사 — 빈대, 벼룩, 이

빈대, 벼룩, 이는 사람이나 동물의 몸, 집에 있는 침구류나 의복 등에 붙어 살며 특히 사람을 괴롭히는 해충 삼총사이다.

끼잉~

빈대
주로 집 안의 침구류 속에 살다가 먹이를 먹을 때만 밖으로 나온다. 고약한 냄새를 풍기고 밤에 활동하며 사람의 피를 빨아 먹는다.

벼룩
세계에 있는 2천여 종의 벼룩이 모두 조류나 포유류의 피를 빨아 먹는다. 보통 벼룩은 높이 뛰는 것으로 유명하지만 나무 위에 있는 새벼룩이나 쥐벼룩은 기어 다닌다. '페스트'라는 끔찍한 병을 옮길 수 있다.

이
인류가 등장한 이후 지금까지 끊임없이 사람을 괴롭혀 온 곤충이다. 사람의 머리카락, 옷, 음모 등에 산다. 전염성이 빠르고 발진티푸스라는 치명적인 병을 일으키는 악당이다.

6. 검정파리가 벗겨 준 누명

팽 박사와 빈대를 가득 실은 화물선은 드디어 마다가스카르에 도착했다. 마다가스카르히싱바퀴벌레는 고향에 돌아온 것을 벌써 알아차렸는지 나무 상자 속에서 쉬쉬쉬 노래했다.

세 사람은 지프차를 빌려 타고 바퀴벌레를 풀어놓기에 가장 좋은 곳을 찾아 나섰다.

까만 피부의 소년이 소를 몰고 지나갔다. 지나는 잠시 운전을 멈추고 소 떼가 지나가기를 기다렸다. 태양은 여전히 지프차의 지붕을 태울 듯이 내리쬐었다. 팽 박사는 빈대에 물린 자리를 진물이 나도록 긁으며 소 떼를 바라보았다.

그런데 소들 사이로 키는 작지만 다부져 보이는 청년들이 나타났다. 팽 박사는 관광객처럼 손을 흔들었다. 청년들 중 가장 키가 큰 사람이 손가락질을 했다. 눈이 쭉 찢어진 청년이 고개를 끄덕였다.

"쟤네들 뭐하는 거야? 우리 차가 탐나냐? 예끼, 못 써! 남의 것에 욕심내면!"

팽 박사는 혼자 묻고, 혼자 대답했다. 그 순간 청년들이 지프차를 에워쌌다.

"뭐예요?"

지나가 고개를 내밀고 물었다. 청년들은 대답도 하지 않고 다짜고짜 세 사람을 끌어냈다.

"싫어요. 왜 이래요?"

"놔요!"

지나와 팽 박사가 소리쳤다. 청년들은 뭉툭한 창끝으로 팽 박사를 겨누었다.

"순순히 따라오는 게 좋을 거요. 창끝에 독이 묻어 있소."

팽 박사의 얼굴이 하얗게 질렸다. 앤트는 바퀴벌레가 든 상자를 꼭 껴안고 벌벌 떨었다. 지나가 팽 박사의 옆구리를 콕콕 찔렀다. 대표로 무슨 말이든 좀 하라는 뜻이었다. 그러나 겁에 질린 팽 박사는 입이 딱 달라붙고 말았다.

결국 세 사람은 청년들에게 끌려갔다. 진흙으로 지은 오두막이 여러 채 있는 작은 마을이었다. 추장으로 보이는 나이 많은 남자가 기다리고 있었다. 추장이 물었다.

"저 차가 확실한가?"

"뭐가요?"

겨우 입이 떨어진 팽 박사가 물었다.

"어제 아침, 우리 마을에 죽은 소가 발견되었소. 우리 마을 사람의 짓은 아닐 거요. 우리는 소를 무척이나 소중하게 여기고 있소. 수백

년 전부터 소를 키워 왔으나 지금까지 단 한 번도 죽인 일이 없었으니까. 그러니 외부 사람을 의심할 수밖에……. 게다가 소의 시체를 발견한 청년, 피시의 말에 따르면 그때 지프차가 지나갔다고 했소. 당신들이 타고 온 바로 저 지프차 말이오."

"말도 안 돼요. 우린 오늘 왔다고요. 이 차는 빌린 거예요."

팽 박사와 지나가 동시에 소리치자 왕남방장수풍뎅이가 날아가다 놀라서 바닥에 툭 떨어졌다. 떨어질 때 몸이 뒤집어진 장수풍뎅이는 몸을 똑바로 하지 못하고 버둥거리며 뱅글뱅글 돌았다.

무거운 장수풍뎅이가 나는 법

장수풍뎅이는 다른 곤충에 비해 크기가 크고 무겁지만 잘 난다. 딱딱한 앞날개 밑에 있는 뒷날개를 펼쳐 좋아하는 나무의 진을 찾으러 갈 때는 아주 빨리 날아간다. 하지만 나무에 내려앉는 것은 서투르다. 눈이 나쁜 탓인지, 속도를 줄이기 어려운 탓인지, 장수풍뎅이는 나무에 딱 부딪혀 땅에 떨어진 다음 기어 올라가는 방법을 자주 쓴다. 그러다 뒤집어지면 몸을 바로 세우기가 쉽지 않아 한참을 버둥거린다.

마다가스카르왕남방장수풍뎅이는 몸길이가 6~7cm 정도 되는 큰 장수풍뎅이로, 뿔이 아주 크고 멋있다.

"우아!"

험악한 분위기 속에서도 앤트는 한참 동안 장수풍뎅이를 구경했다. 앤트는 뒤집어진 장수풍뎅이를 손으로 집어 높은 나뭇가지에 올려 주었다. 장수풍뎅이는 몸이 무거워서 높은 데서 떨어지듯 출발해야 날아오를 수 있기 때문이었다.

"앤트, 아무리 어리다지만 이렇게 철이 없을 수 있냐? 우린 지금 범인으로 몰린 상황이야. 바퀴벌레의 고향을 찾아 주려다 감옥에 갈지도 모른다고. 아웅! 이건 신문에 날 일이야!"

팽 박사가 발을 동동 굴렀다. 앤트는 씨익 미소를 지으며 추장에게 말했다.

"보여 주세요. 죽은 소!"

"보면, 어떻게 하려고?"

피시가 묻자 앤트가 어깨를 으쓱했다.

"우리가 범인이 아니라는 증거를 찾으려고요."

"너희가 범인인 것을 목격했다고 했잖아?"

"그건 확실한 증거가 아니에요. 차를 보았지 우리를 본 건 아니니까요. 그래도 우리를 의심하니까 우리가 범인이 아니라는 증거를 찾아내겠어요."

앤트가 앞장서자 팽 박사와 지나는 뒤를 따를 수밖에 없었다.

소의 시체에는 파리가 몰려 있었다. 냄새도 고약하게 났지만 몇몇 사람들이 그 주변을 서성이고 있었다. 앤트가 소의 머리 앞에 쭈그리고 앉았다.

 파리의 일생

파리는 똥이나 거름, 동물의 시체 등에 알을 낳는다. 이 알에서 나온 애벌레를 구더기라 부르는데, 구더기는 빛과 바람, 낮은 온도, 건조한 것을 못 견딘다. 구더기는 두 번의 탈피를 거쳐 번데기가 되는데, 열대 지방에서는 1~2주 만에 알에서 번데기가 된다. 파리의 번데기는 겉이 단단하고 움직이지 못하며 껍질 속에 장차 파리가 될 몸체가 생긴다. 이후 번데기 껍질을 찢고 파리가 나오는데, 어른이 된 파리는 수많은 세균을 가지고 있다. 빈민가의 파리는 한 마리당 평균 368만여 개, 깨끗한 지역의 파리는 194만여 개의 세균을 몸에 붙이고 있다.

"증거는 무슨! 죽은 짐승한테 꼬이는 건 벌레뿐이야."

비아냥거리는 소리가 들렸지만 앤트는 아랑곳하지 않고 소의 몸을 관찰했다.

소의 시체는 이미 썩기 시작해 살이 부풀어 있었다. 앤트는 숨을 꼭 참고 소의 상처와 눈, 코, 입, 귀를 차근차근 살폈다. 어떤 곤충이 있는지 알아내기 위해서였다.

동물이 죽으면 동물의 시체를 먹거나 시체에 새끼를 낳기 위해 많은 곤충이 달려든다. 맨 먼저 날아오는 곤충은 검정파리다. 검정파리는 갓 죽은 신선한 동물의 상처나 눈, 귀, 코, 입 등에 검정 똥처럼 생긴 알을 낳는다.

"목에 상처를 내서 죽였네. 여기 검정파리의 애벌레가 많아."

앤트는 죽은 소의 상처를 벌렸다. 구더기들이 빛을 피하느라 바글바글 이상한 소리를 내며 안으로 기어 들어갔다. 앤트는 꼬물거리는 하얀 애벌레를 몇 개 집어냈다. 애벌레는 길고 통통했다.

"꽤 많이 자랐네!"

앤트는 나뭇가지로 상처의 크기를 재고 상처의 모양을 나뭇가지 위에 그렸다. 그런 다음 다른 곤충은 없는지 꼼꼼하게 살폈다. 여러 종류의 곤충을 발견하는 것이 중요했다. 동물의 시체에는 시간에 따라 각각 다른 곤충들이 꼬이는데, 검정파리 다음으로 가스가 가득한 시체에 반날개 등의 몇몇 딱정벌레와 말벌 등이 찾아온다. 이들은 구더기와 경쟁하며 동물의 몸을 먹어 치운다. 시간이 더 지나 시체의 살이 거의 말라붙은 다음에는 수시렁이와 송장벌레, 치즈파리가 찾아온다. 아예 뼈만 남게 되면 표본벌레나 쥐며느리, 지네가 찾아와 찌꺼기까지 먹어 치운다. 그러면 죽은 동물은 자연으로 돌아가는 것이다. 물론 하이에나나 독수리한테 통째로 빼앗기지 않았을 때의 이야기이다. 실제로 자연에서는 죽은 동물을 놓고 먹이 다툼이 아주 치열하다.

"뭘 보는 거야?"

지나가 물었다. 앤트는 고개를 갸웃거렸다.

"언제 죽었는지 알아보고 있어요. 지프차가 발견된 어제 아침 이전에 죽었다면, 우리는 물론 지프차에 탄 사람들도 범인이 아니라는 것을 알 수 있어요. 어제 아침쯤에 죽었다면 그때 지프차를 빌린 사람을 찾아보면 되고요. 어쨌든 우리가 도착할 무렵에 죽은 게 아니라는 것은 밝힐 수 있겠네요."

"어떻게?"

이번에는 팽 박사가 물었다. 앤트가 나뭇가지 끝으로 반날개를 건져 냈다.

"여기, 반날개예요. 됐어요!"

"송장벌레는? 송장에는 송장벌레가 모여든댔어."

팽 박사가 처음으로 곤충에 대해 아는 척을 했다. 그러나 앤트는 고개를 저었다.

"송장벌레가 나타나려면 한참 더 있어야 할걸요. 시체가 말라붙거나 아니면……."

앤트는 조금 망설이다가 재빨리 말했다.

"곤죽이 된 다음에 나타나죠. 헤헤헤."

곤죽이 된 시체를 상상한 팽 박사와 지나는 몸서리를 쳤다.

앤트는 시체에서 건져 낸 벌레들을 넓은 나뭇잎에 싸서 추장에게 달려갔다.

"우리가 범인이 아니라는 증거를 찾아냈어요!"

앤트가 파리의 애벌레와 알이 놓여 있는 나뭇잎을 펼쳐 보였다. 추장의 얼굴이 일그러졌다.

"이게 뭡니까?"

"검정파리의 애벌레와 반날개예요."

"죽은 동물의 몸에 벌레가 나타나는 건 아주 당연하지 않소!"

추장이 인상을 찌푸렸다.

"죽은 지 얼마나 되었느냐에 따라 곤충의 종류가 다르니까 증거가 될 수 있어요."

앤트는 길고 토실토실한 검정파리의 구더기를 가리켰다.

"이 소가 어제 아침에 죽었다면 지금쯤 소의 시체에는 검정파리의 알이나 작은 애벌레가 있어야 해요. 여기가 무척 덥고 습하다는 것을 고려해도 하루 동안 자랐다고 하기엔 이 구더기는 너무 커요. 게다가 반날개를 보세요. 한 마리밖에 못 찾았지만, 반날개는 시체에 가스가 빠져나갈 때쯤 날아와요. 그러니까 이 소는 적어도 3~4일 전, 우리가 배에서 빈대에 물어뜯기고 있을 때 이미 죽은 거예요."

추장은 구더기를 뚫어져라 쳐다보았다. 그러고는 떨리는 목소리로 물었다.

"그럼 범인이 우리 마을 사람이라는 거요?"

"모르겠어요. 하지만 흉기의 크기는 이 정도예요."

앤트가 상처의 크기와 모양을 표시한 나뭇가지를 꺼내 놓았다. 추장이 손을 부르르 떨며 나뭇가지를 잡았다. 부족에서 쓰는 사냥칼과 똑같았다.

"아웅! 그거 봐요. 우린 범인이 아니죠? 괜히 누명을 씌우고 그래. 나빠요, 여기 사람들!"

팽 박사가 추장 앞에 얼굴을 들이밀며 소리쳤다. 추장이 고개를 푹 숙였다.

"미안합니다. 정말 미안해요."

"아웅, 몰라요. 얼른 가서 꿀벌을 연구해야 하는데 이게 뭐예요! 물어내요, 물어내라고요."

"꿀벌이라고요? 저쪽 초원으로 가면 길잡이새가 자주 나타나요. 따라가면 꿀벌이 있을 거예요. 벌이 좀 사나워서 그렇지 꿀맛은 얼마나 좋다고요."

미안한 마음에 도움을 주고 싶었던 추장이 꿀벌이 있는 곳을 알려 주었다. 가장 신이 난 사람은 앤트였다.

"아프리카꿀벌이요? 우아! 누나, 팽 박사님 우리 한번 보러 가요. 또 알아요? 아프리카꿀벌이 좋은 소식을 전해 줄지······."

 길잡이새

길잡이새는 벌집과 꿀벌 애벌레를 좋아하지만 벌집을 부술 수 없다. 그래서 벌집을 대신 부숴 줄 꿀을 좋아하는 포유동물이나 사람을 보면 소리를 질러 따라오게 해서 벌집의 위치를 가르쳐 준다. 사람들이 벌집을 부수고 꿀을 가져가면 남은 벌집에서 애벌레를 골라 먹는다.

7. 팽 박사, 길앞잡이의 흑마술에 걸리다

"아옹, 더워! 아옹, 지루해!"

팽 박사는 먼지가 폴폴 나는 길을 터벅터벅 걸으며 투덜거렸다. 벌써 몇 시간 째 마른 땅을 헤매는데 길잡이새는커녕 사막꿩 한 마리도 나타나지 않았다.

"이제 아무거나 나타나면 따라갈 테야."

그 때 팽 박사 앞으로 까만 길앞잡이가 잽싸게 날아갔다. 팽 박사에

 길앞잡이

비단길앞잡이라고도 한다. 몸색깔은 금록색 또는 금적색으로 빛난다. 머리는 금록청색이며, 양 눈 사이가 오목하고 홈이 세로로 뻗어 있다. 딱지날개(앞날개)는 검은색인데 여러 가지 색의 가로무늬가 있어 화려하며 벨벳 같은 광택이 나고, 옆쪽 테두리는 녹청색 광택이 난다. 들이나 산길을 지나는 사람들에 앞서서 계속 날아가므로 마치 길을 안내하는 것처럼 보여 붙여진 이름이다. 어른벌레는 봄부터 가을까지 볼 수 있으며 특히 5월에 가장 많이 볼 수 있다. 육식성인 어른벌레는 주로 작은 곤충을 먹이로 한다.

게 어서 따라오라고 말을 거는 것 같았다. 팽 박사는 무엇에 홀린 듯 길앞잡이를 따라 달렸다.

"길앞잡이는 마법사예요. 함부로 따라갔다가는……."

앤트가 장난스럽게 웃으며 말을 멈추었다. 지나의 궁금중이 반짝 고개를 들었다.

"왜? 어떻게 되는데?"

지나가 귀를 쫑긋 세웠다.

"음, 이건 전설인데요. 길앞잡이는 흑마술을 펼치는 무시무시한 곤충 마법사래요. 자기를 쫓아오는 사람을 홀려서 다른 세계로 보내 버린대요."

"어디로? 아프리카에서 아시아로? 3차원의 세계에서 4차원으로? 아니면……, 인간의 세계에서 곤충의 세계로? 호호호."

"모르겠어요. 난 길앞잡이를 따라가 본 적이 없거든요. 이따가 팽 박사님한테 물어보죠, 뭐."

지나와 앤트는 낄낄낄 웃었다.

길앞잡이는 휘리릭 팽 박사 앞에 내려앉더니 이번에는 긴 다리로 경중경중 뛰었다. 팽 박사는 좀 더 속력을 냈다. 그런데 길앞잡이가 갑자기 멈춰서 홱 돌아보았다.

길앞잡이와 눈이 마주쳤다고 생각한 순간, 팽 박사는 그만 꽈당 넘어지고 말았다.

"퉤퉤퉤, 이게 뭐야?"

팽 박사는 하필이면 소똥 무더기에 넘어졌다. 그것도 그냥 똥 무더기가 아니라 똥으로 된 산이라고 할 만큼 똥이 아주 가득 쌓인 곳이었다.

"아웅, 더러워. 누가 똥을 이렇게 많이 쌓아 놓은 거야?"

팽 박사가 몸에 묻은 똥을 털어 내며 말했다.

"또 장난쳐? 넌 왜 이렇게 일을 안 하니? 그러니까 자꾸 배가 나오지."

팽 박사는 놀라서 옆을 쳐다보았다. 엄청나게 큰 괴물이 여섯 개의 발로 똥을 주무르고 있었다.

"으악, 괴물이다!"

팽 박사는 후다닥 도망가려고 했다. 그러자 괴물이 똥 묻은 발로 재빨리 팽 박사를 잡았다.

"이 게으름뱅이야, 또 어딜 도망가려고? 누가 놔줄 줄 알아?"

"너, 넌 누구냐? 날 잡아먹으려고? 난 맛이 없어. 지방이 너무 많거든. 먹으면 배탈 나!"

팽 박사가 덜덜 떨며 말했다. 괴물은 기가 막힌다는 표정으로 팽 박사를 노려보더니 똥 한 줌을 입에 탁 털어 넣었다.

"맛있는 게 이렇게 많은데 왜 널 먹니? 그리고 넌 색시 얼굴도 까먹었냐? 나는 네 색시 소똥구리 똥순이잖아."

"소똥구리? 똥순이?"

그러고 보니 팽 박사만큼이나 큰 거대 괴물은 둥그런 머리, 동그란 몸뚱이, 까맣고 빛나는 몸, 다부진 뒷다리까지 소똥구리가 분명했다. 사람만큼 큰 것을 빼면 완벽한 소똥구리였다. 소똥구리치고는 동글

소똥구리의 일생

소똥구리의 암컷은 구슬만 한 똥 경단을 만들어 꽃병 모양으로 다듬은 뒤 알을 낳고, 입구를 감쪽같이 막는다. 이 알이 자라 애벌레가 되는데, 1cm 정도 되는 애벌레는 소똥을 파먹으며 살다가 번데기가 되고, 40여 일이 지나면 어른 소똥구리가 된다. 소똥구리는 어른이 된 뒤에도 단단하게 굳은 똥 경단 속에 갇혀 있다가 비가 와서 똥 경단이 축축하고 부드러워지면 밖으로 나와 소똥을 찾아 떠난다.

동글 귀엽게 생기기는 했다. 하지만 팽 박사는 소똥구리를 색시로 맞은 적이 없었다. 그것도 무지막지하게 큰 소똥구리를.

"뭐야? 내가 왜 소똥구리랑 결혼해? 절대 싫거든."

"쳇! 그럼 소똥구리가 소똥구리랑 결혼하지, 사람이랑 할래?"

팽 박사의 입이 떡 벌어졌다. 순간 똥순이가 재빨리 똥 부스러기를 팽 박사의 입속으로 던져 넣었다. 팽 박사는 화들짝 놀라 입에 들어간 똥을 뱉어 냈다. 그런데 생각보다 똥이 구수한 게 아닌가!

팽 박사는 주위를 둘러보았다. 머리 위에서 거대한 마른 풀이 휘청거렸다. 팽 박사는 고개를 숙여 제 몸을 내려다보려 했지만 고개가 뻣뻣해서 잘 숙여지지 않았다. 억지로 고개를 숙여 자신의 몸을 내려다보자, 빵빵한 둥근 몸뚱이에 여섯 개의 까만 다리가 건들거리고 있었다. 진짜 소똥구리처럼. 팽 박사는 불룩한 배를 쓸어 보았다. 곤충의 배에나 있는 숨구멍이 느껴졌다. 팽 박사는 정말 곤충이, 그것도 똥을 먹는 소똥구리가 된 것이다. 길앞잡이의 흑마술 때문이었지만 그 사실을 모르는 팽 박사는 어리둥절할 뿐이었다.

"말도 안 돼. 어떻게 이런 일이?"

팽 박사가 울부짖었다.

"그만 좀 해. 넌 너 먹을 똥 경단 하나만 만들면 되는 데 그걸 안 하려고 꾀를 피우니? 난 알 낳을 경단까지 만들어야 한다고! 또 게으름

피우거나 달아나면 가만 안 둘 줄 알아."

똥순이가 똥이 덕지덕지 붙은 발을 팽 박사 앞에 흔들었다.

"맞아, 이건 꿈이야! 난 꿈을 꾸는 거야. 길앞잡이를 따라가다 너무 졸려서 잠시 잠이 든 거야. 일어나야 해. 어서! 깨어나면 좋은 일이 있을 거야. 똥에 관한 꿈은 좋은 꿈이잖아."

팽 박사는 여섯 개의 발로 제 몸을 마구 때리며 잠에서 깨어나려고 했다. 하지만 아무리 때려도 소용없었다.

"얼른 안 뭉치니? 이러다 똥이 모두 말라붙겠어!"

똥순이가 윽박질렀다.

"어쩌라고, 이 더러운 똥을……."

팽 박사가 똥순이의 눈치를 보며 우물쭈물했다. 보다 못한 똥순이가 팽 박사의 앞발을 똥 속에 푹 찔러 넣었다. 뜨뜻하면서 미끄덩한 게 기분이 이상했다.

"오늘도 혼자만 도망가면 가만 안 둘 거야. 내 성격 알지?"

팽 박사는 겁에 질려 고개를 끄덕였다. 이미 소똥구리가 되어 버렸는데 아는 소똥구리 하나 없이 혼자 오들오들 떨다가 미어캣의 간식이 되느니 똥순이를 따라다니는 게 안전할 것 같았다.

팽 박사가 똥을 주무르기 시작하자 똥순이도 마음을 놓고 일을 시작했다.

"오늘은 내 덕에 좋은 똥을 고른 줄이나 알아."

"소똥은 길에 널려 있는데 웬 생색이야?"

"소똥이라고? 이건 코끼리 똥이잖아. 소똥하고 코끼리 똥이 얼마나 다른데……. 요즘 소똥은 먹을 게 못 돼. 사람들이 소한테 사료나 약을 먹인다더니 그래서 그런지 똥 맛이 갈수록 이상해져. 그런 소똥을 먹고 시름시름 앓다가 죽는 소똥구리도 있다잖아. 갈수록 우리 소똥구리의 숫자가 줄어들고 있으니 정말 큰일이야."

"소똥구리가 없어지거나 말거나 누가 신경이나 쓴대?"

자신이 소똥구리라는 사실을 받아들일 수 없는 팽 박사가 툴툴거리자 똥순이가 뭉치던 똥 경단을 철퍼덕 내려놓았다.

"우리 소똥구리가 없으면 코끼리, 소, 사슴, 누, 얼룩말, 하마 같은 초식 동물의 똥을 어떻게 처리하겠니? 온 세상이 똥 천지가 되고 말 거야. 우리가 똥을 먹어서 흙으로 돌려보내 주니까 세상이 깨끗한 거라고. 우린 자부심을 갖고 살아야 해."

똥순이는 뭉쳐 놓은 경단에서 똥 조각을 하나 떼어 팽 박사에게 내밀었다.

"'아' 해. 좋은 똥 많이 먹고 자손을 더 많이 퍼트리자. 그래야 세상이 깨끗해지지."

"싫어, 안 먹어. 더러워!"

팽 박사가 고개를 홱 돌렸다. 자존심이 상한 똥순이는 한참 동안 팽 박사를 노려보다가 묵묵히 똥 경단 만드는 일에 집중했다. 머리의 돌기로 똥을 긁어모으고, 앞다리로 주워 담은 후 뒷다리로 꾹꾹 눌러 동그란 경단을 만들었다. 반죽하는 틈틈이 똥을 오물거리면서 말이다.

똥순이는 정말 똥을 맛있게 먹었다. 한번 먹어 보고 싶다는 생각이 들 정도였다. 팽 박사도 머리 위의 돌기로 똥을 긁은 다음 한입 크기로 잘랐다. 막상 입에 넣으려니 망설여졌다. 그러나 몸은 이미 소똥구리가 되었는데 불고기나 김치를 먹을 수는 없는 노릇이었다.

팽 박사는 용기를 내어 똥 조각을 입에 넣으려 했다. 그 순간 팽 박사는 끔찍한 것을 보고 말았다. 똥순이가 똥을 먹으면서 동시에 똥을 줄줄 싸고 있는 게 아닌가.

"윽! 똥순아, 먹으면서 싸다니 너무 해!"

똥순이가 빚고 있던 똥 경단을 번쩍 들어 올렸다. 팽 박사는 똥 벼락을 맞을까 봐 말을 멈추고 얌전히 똥을 주물렀다. 머리로 긁고, 앞발로 모으고, 뒷발로 다져서 동그랗게 경단을 만들었다. 팽 박사의 몸보다 두 배나 더 크게.

"에계, 그거 먹고 배가 부르겠니? 아무튼 시간 없으니까 얼른 집에 가자."

똥순이는 제 몸집보다 열 배는 더 큰 경단을 뒷다리로 밀며 앞장섰다. 팽 박사도 물구나무를 서서 똥 경단을 밀었다. 똥 경단을 미는 것은 보통 힘든 일이 아니었다. 팽 박사가 자꾸 픽픽 미끄러지자 똥순이는 한숨을 푹푹 쉬었다.

"에그, 그래 가지고 집까지 가져가겠니? 땅속에 밀어 넣긴 하겠어? 가다가 다른 소똥구리한테 안 뺏기면 다행이겠다."

"아웅, 잔소리는 지나 양이랑 똑같아!"

팽 박사는 투덜거리며 똥순이를 따라갔다.

팽 박사는 온 힘을 다해 뒷다리로 똥 경단을 밀었다. 사람일 때는 몰랐는데 땅이 어찌나 울퉁불퉁한지 균형을 잡기 힘들었다. 팽 박사는 땀이 뻘뻘 날 것 같았다. 하지만 곤충은 땀샘이 없어서 땀이 한 방울도 나지 않았다.

"아웅, 힘들어! 좀 쉬었다 갈래."

팽 박사가 똥 경단에서 뒷다리를 떼었다. 하필이면 비탈길이었다. 똥 경단은 팽 박사의 뒷다리에서 떨어지자마자 데굴데굴 굴러 내려갔다.

"얼른 쫓아가서 잡아!"

똥순이가 날카롭게 외쳤다. 팽 박사는 엉덩이를 뒤뚱거리며 재빨리 똥 경단을 쫓아갔다.

"또 날 따라오려고?"

어디서 나타났는지 길앞잡이가 또 팽 박사를 제치고 앞서 달렸다. 팽 박사가 놀라서 길앞잡이를 쳐다보자 길앞잡이와 정면으로 눈이 마주쳤다.

"전에도 이런 적이 있어!"

팽 박사는 균형을 잃고 데굴데굴 굴렀다.

팽 박사가 열심히 똥 경단을 빚고 있을 무렵, 지나와 앤트는 땀을 뻘뻘 흘리며 팽 박사를 찾아다녔다. 기다리던 길잡이새가 나타나 소리를 지르고, 날개를 퍼덕이며 지나와 앤트를 벌집으로 데려가려 했지만 따라갈 수 없었다. 팽 박사를 찾는 게 훨씬 더 중요했기 때문이다.

그런데 주변을 샅샅이 뒤져도 팽 박사는 흔적도 보이지 않았다. 지나는 불길한 예감이 들었지만 애써 눈물을 참으며 말했다.

"앤트, 길앞잡이 전설 말이야, 그거 사실 아니니? 길앞잡이가 팽 박사님을 다른 세계로 보낸 게 아닐까?"

참았던 눈물이 뚝 떨어졌다. 지나와 팽 박사는 서로 구박하고 못 잡아먹어서 안달이었지만, 그래도 둘도 없는 친구였기 때문이다.

8. 나는야, 흰개미집 건축가

"넌 왜 이렇게 게으름만 피우니? 여왕님한테 일러바칠 테야."

희끄무레한 개미가 땅바닥에 엎어져 있는 팽 박사를 툭툭 쳤다. 팽 박사는 겨우 정신을 차려 주위를 둘러보았다. 길앞잡이도, 똥순이도, 똥 경단도 보이지 않았다.

"똥순이! 내 똥! 어디 갔지?"

"넌 왜 똥, 똥, 똥 타령이니? 교양 없게."

소똥구리 앞에서 똥을 욕하다니. 팽 박사도 똥순이처럼 버럭 화가 났다.

"교양 있는 사람은 똥 안 싸냐? 그리고 똥이 왜 더럽냐? 우리 소똥구리가 없으면 온 지구가 똥 천지라고!"

희끄무레한 개미는 기가 막히다는 듯 팽 박사의 가슴을 툭툭 쳤다.

"여보세요, 흰개미 씨! 당신이 소똥구리라고요? 일하기 싫다고 별 핑계를 다 대는군요. 차라리 바퀴벌레라고 하시지. 바퀴벌레하고 우리는 먼 친척이니까. 헛소리 그만하고 얼른 나뭇잎이나 주워 와!"

팽 박사가 또 제 몸을 내려다보았다. 희끄무레한 색깔에 허리가 없는 통짜 몸매. 하지만 사람이었을 때처럼 배만 불룩 나오거나 소똥구리였을 때처럼 둥글지는 않았다. 길쭉한 통이라고나 할까! 팽 박사는 손을, 아니 앞발을 뻗어 머리를 만져 보았다. 유난히 큰 머리통과 일자로 쭉 뻗은 안테나 같은 더듬이가 잡혔다.

"그러니까 내가 뭐라고? 이번엔 개미라고?"

팽 박사가 울상이 되어 물었다. 팽 박사는 자기 몸이 왜 자꾸 변하는지 몰랐다. 꿈도 아닌데 사람에서 소똥구리가 되고, 이번엔 개미까지 되다니. 이런 이야기는 소설이나 만화에서만 나오는 것이었다. 그러나 안타깝게도 이런 꿈같은 일이 지금 팽 박사에게 벌어지고 있었다.

"너, 기억 상실증 걸렸니? 우린 흰개미잖아. 얼른 나뭇잎이나 주워. 버섯을 키우려면 많이 가져가야지."

팽 박사는 반항하지 않고 그냥 나뭇잎을 물었다. 흰개미가 아니라고 외쳐 보아야 구박만 당할 게 뻔했다. 팽 박사는 흰개미를 졸졸 따라가며 조심스럽게 물었다.

"나, 혹시 노예야? 개미 중에는 노예를 부리는 것들도 있다고 하던데……."

"야!"

희끄무레가 버럭 소리를 질렀다. 팽 박사는 너무 놀라 물고 있던 나뭇잎을 떨어뜨렸다.

"개미 아니라니까. 어디서 허리도 가늘고, 더듬이도 구부러진 못생기고 성질 나쁜 개미랑 흰개미를 비교해! 그놈들은 우리 적이야. 만

날 쳐들어와서 우리 알과 애벌레를 노리는 것도 마땅찮은데 자꾸 개미, 개미 할래? 자꾸 그러면 여왕님한테 이른다!"

팽 박사는 떨어진 나뭇잎을 얼른 입에 쑤셔 넣고 입을 다물었다.

희끄무레는 뜨거운 황무지 길을 지나서 높은 기둥 앞에 멈추었다. 기둥을 지키는 턱이 큰 흰개미가 다가왔다. 병정개미 같았다.

"잠깐! 이 녀석, 이상한데?"

"코끼리 똥에서 굴렀대. 똥 냄새 엄청 나지?"

희끄무레가 말했다. 팽 박사는 긴장해서 꼼짝 않고 서 있었다. 흰개미는 사회생활을 하는 곤충이었다. 흰개미로 변한 이상 팽 박사는 무슨 일이 있어도 흰개미 무리로 들어가야 했다. 혼자 헤매다가는 침팬지나 땅돼지 또는 다른 개미들한테 먹힐지도 몰랐다.

 흰개미와 개미의 다른 점

흰개미는 '알 → 애벌레 → 성충'으로 자라는 불완전변태를 하지만, 개미는 '알 → 애벌레 → 번데기 → 성충'이 되는 완전변태를 한다. 개미는 넓게 분류해서 벌과 가깝고, 흰개미는 바퀴벌레와 더 가깝다. 개미는 허리가 가늘고 더듬이가 굽었지만 흰개미는 더듬이가 일자이고 허리도 없다.

"어쩐지! 다음부터는 똥에 구르지 마. 집이 더러워지잖아!"

팽 박사는 고개만 끄덕였다.

높은 흙기둥은 흰개미의 집이었다. 희끄무레는 땅속으로 이어진 작은 구멍으로 들어갔다. 길이 아주 복잡했다. 팽 박사는 위로 난 넓은 길로 기어 올라갔다.

"너 정말 기억 상실증이구나. 거긴 뜨거운 바람이 나가는 길이잖아. 버섯 농장은 아래쪽이라고!"

희끄무레는 땅속의 큰 방으로 들어갔다. 작은 버섯들이 한창 자라고 있었다. 희끄무레가 버섯을 나뭇잎으로 덮었다. 팽 박사도 얼른 따라했다.

"이만하면 이번 버섯 농사는 풍년이야. 여왕님한테 칭찬받을 거야."

"좋겠네!"

팽 박사는 고개를 끄덕이며 쌓인 나뭇잎 위에 누웠다. 변신의 충격이 채 가시지도 않았는데, 먼 길을 걸어왔더니 몹시 피곤했다. 솔솔 잠이 몰려왔다.

"어이, 좀 나와 봐! 집수리를 해야겠어."

누군가 소리를 질렀다. 안에 있던 흰개미들이 착착착 발걸음을 맞춰 밖으로 나갔다.

"얼른 나가자!"

희끄무레가 팽 박사를 잡아끌었다.

"조금만 있다가 가자. 피곤해."

"안 돼! 우린 일꾼흰개미야. 일하지 않으면 살아 있을 이유가 없어."

"넌 정말 특이한 애구나. 공부가 제일 쉬웠다는 사람처럼 일하는 게 제일 좋냐?"

팽 박사도 하는 수 없이 밖으로 나갔다. 여러 마리의 흰개미들이 무리를 지어 흙을 반죽하고 있었다. 희끄무레도 자리를 잡고 침을 퉤 뱉었다.

"길에 침 뱉으면 안 돼!"

팽 박사가 저도 모르게 말했다. 집수리를 하던 흰개미들이 이상하다는 듯이 팽 박사를 쳐다보았다. 다행히 희끄무레가 팽 박사의 편을 들었다.

"얘가 코끼리 똥 위에 구르더니 기억 상실증에 걸렸어."

"정말?"

"어쩐지 좀 모자라 보이더라!"

흰개미들은 팽 박사를 무시하고 다시 일을 시작했다. 침과 흙을 섞어 반죽해서 집에 바르는 일이었다. 높이가 수미터나 되는 크고 튼튼한 집을 그렇게 지었다.

"침 뱉으라고? 오! 곤란한데."

망설이던 팽 박사도 침을 뱉었다. 퉤! 퉤! 퉤!

"오! 너 정말 침이 많구나. 질도 아주 좋아."

희끄무레가 칭찬을 해 주었다. 팽 박사는 침을 더욱 많이 뱉어 흙을 반죽했다. 흙 반죽으로 집의 겉면을 단단하게 다지고, 천장에서 바닥으로 이어지는 복잡한 공기 통로도 손질했다. 특히 더운 공기를 밖으로 빼내는 길은 흙이 말라 바스러지는 일이 없게 특별히 신경을 썼다.

"기억 상실증! 이제 보니 너 건축가구나. 정말 멋져!"

"진짜 멋져? 사실 너한테만 하는 말인데 내가 노벨상을 받을 뻔한 사람, 아니 흰개미거든."

곤충 세계에서도 인기 폭발이라니! 팽 박사는 스스로를 자랑스러워하며 어깨를 으쓱거렸다.

집수리에 큰 공을 세운 팽 박사는 인기가 아주 많아졌다. 애벌레에서 성충이 된 지 얼마 안 된 어린 흰개미들은 팽 박사를 볼 때마다 소리쳤다.

"기억 상실증 님, 침 한번만 뱉어 봐 줘요!"

팽 박사는 몸 안의 침을 다 모아 요란하게 뱉은 뒤 흙과 반죽해서 집 벽에 탁 붙여 주었다. 어린 흰개미들은 세 쌍의 다리를 모두 모아 열렬한 박수를 보냈다.

희끄무레도 팽 박사를 무척 좋아했다. 잠시도 팽 박사의 곁에서 떨어지지 않았다. 팽 박사를 너무 좋아한 나머지 희끄무레는 팽 박사와 결혼할 거라는 소문까지 퍼트리고 다녔다.

어느 날, 여왕님이 그 소문을 들었다.

 흰개미의 소화를 도와주는 미생물

흰개미의 뱃속에는 죽은 나무를 분해할 수 있는 미생물이 있다. 흰개미는 이 미생물이 없으면 소화를 시킬 수 없고, 미생물도 흰개미 몸 밖으로 나오면 바로 죽는다. 둘의 공생 관계는 적어도 1억 년 전부터 이어져 왔음을 알 수 있다. 약 1억 년 전에 만들어진 호박(지질 시대에 나무의 진 등이 땅속에 묻히면서 탄소, 수소, 산소 등과 화합하여 만들어진 누런색 광물)에서 흰개미와 미생물이 함께 발견되었기 때문이다. 흰개미는 종류에 따라 약간 다르지만 살아 있는 나무, 죽은 나무, 풀, 종이, 흙 등 다양한 것을 먹는다.

"기억 상실증을 불러라!"

팽 박사는 무척 설렜다.

'여왕님이면 반짝이는 왕관을 썼겠지? 동화에 나오는 여왕들처럼 날씬하고 예쁠 거야.'

팽 박사는 기대에 가득 차서 여왕님의 방문을 두드렸다.

"들어오너라!"

팽 박사는 예의를 갖추려고 뻣뻣한 허리를 최대한 구부리고 안으로 들어갔다. 그런데 여왕을 보자마자 팽 박사는 엄청 실망을 했다. 여왕의 배가 하도 크고 뚱뚱해서 꼭 풍선처럼 보였다. 뚱뚱한 배 때문에 여왕은 스스로 움직이지도 못하고 알만 낳았다. 팽 박사를 만나는 그 순간에도 알 낳기를 멈추지 않았다.

하지만 여왕님 옆에 있는 왕흰개미는 여왕을 무척 사랑스러운 눈길로 보고 있었다. 사랑의 콩깍지가 단단히 씌인 게 분명했다.

"인기가 하늘을 찌른다더니 생긴 건 좀 이상하구나. 배는 왜 그렇게 불룩한 게야?"

여왕이 팽 박사를 보며 혀를 끌끌 찼다.

"아웅! 자기 배는 어떻고?"

팽 박사는 저도 모르게 말이 툭 튀어나왔다. 여왕이 무시무시한 눈으로 팽 박사를 노려보았다. 팽 박사는 얼른 머리를 조아리며 말했다.

"아웅! 여왕님 배가 정말 끝내준다고요. 퉁퉁하고 길어서 알을 쑥쑥 잘 낳으시겠어요. 훌륭합니다!"

그제야 여왕이 치켜뜬 눈을 내리깔며 시녀에게 손짓을 했다. 시녀가 여왕의 꽁무니에서 페로몬 주스를 받아 팽 박사 앞에 내밀었다.

"마셔라!"

팽 박사는 주춤주춤 뒤로 물러났다. 아무리 여왕님이지만 꽁무니

 페로몬

페로몬은 곤충의 몸에서 나오는 화학 물질이다. 곤충은 페로몬을 풍겨 짝을 유혹하고, 위험 상황을 알리고, 모여 있는 곳이나 먹이가 있는 곳을 알려 주기도 한다. 개미, 꿀벌, 흰개미 등 사회생활을 하는 곤충들은 페로몬에 의해 여왕개미, 수개미, 일개미 등의 계급으로 나누어진다.

114

에서 나온 것을 마시려니 썩 내키지 않았다.

"이놈! 역시 기억 상실증은 핑계로구나. 일개미 주제에 자손을 얻으려는 것이 분명하다. 강제로 먹여라!"

시녀들이 달려들어 팽 박사의 입에 억지로 페로몬 주스를 먹였다.

"으윽, 싫어요! 싫어, 싫…… 음, 충성!"

페로몬 주스를 마시자마자 팽 박사는 여왕님께 충성을 맹세했다. 희끄무레를 비롯한 다른 암컷 흰개미와는 말도 하고 싶지 않았다. 오직 여왕이 시키는 일만 하는 것, 그것이 팽 박사 흰개미의 목표가 되었다. 여왕이 팽 박사에게 먹인 주스는 자손을 퍼트리는 힘을 없애는 페로몬이었기 때문이다.

페로몬 주스를 마신 뒤 아주 평화로운 날들이 지나갔다. 오랜만에 하늘이 흐려서 곧 비가 올 것 같았다. 흰개미들은 팽 박사의 지휘 아래 집수리에 열중했다. 그 때 갑자기 요란한 소리를 내며 여러 대의 차가 들이닥쳤다. 사람들은 우르르 흰개미집으로 몰려왔다.

"부숴!"

느닷없이 나타난 사람들은 곡괭이를 들고 흰개미집을 부수기 시작했다.

"안 돼! 이건 내 작품이라고."

팽 박사가 곡괭이 위로 달려들었다. 병정개미들이 튼튼한 턱으로 사람들의 팔과 다리를 물었다. 흰개미들은 땅속에 있는 여왕님과 알과 애벌레를 지키기 위해 온 힘을 다해 싸웠다. 그러나 곡괭이와 트랙터까지 동원하여 무자비하게 부수는 사람들을 막을 수는 없었다. 사람들의 세계에서 곤충이란 배려할 가치가 없는 하찮은 존재에 불과했다.

사람들은 흰개미집을 부순 다음 그곳에 밭이나 논을 일구어 농사를 지으려고 했다. 흰개미집의 양분이 농작물을 아주 잘 자라게 해 주기 때문이었다. 팽 박사는 개미집을 지키기 위해 농부가 휘두르는 곡괭이 자루로 기어 올라갔다. 그러다 곡괭이 자루에 난 틈에 몸이 끼이고 말았다.

"어? 왜 내 허리를 잡는 거야? 우리 집을 부수는 걸로 모자라서 나까지 잡아가겠다는 거야? 왜 우리 흰개미를 못 잡아먹어서 안달이야?"

팽 박사가 버둥거리며 울부짖었다. 그러나 사람들은 귀를 기울이지 않았다. 물론 곡괭이 틈에 낀 팽 박사를 꺼내 주지도 않았다.

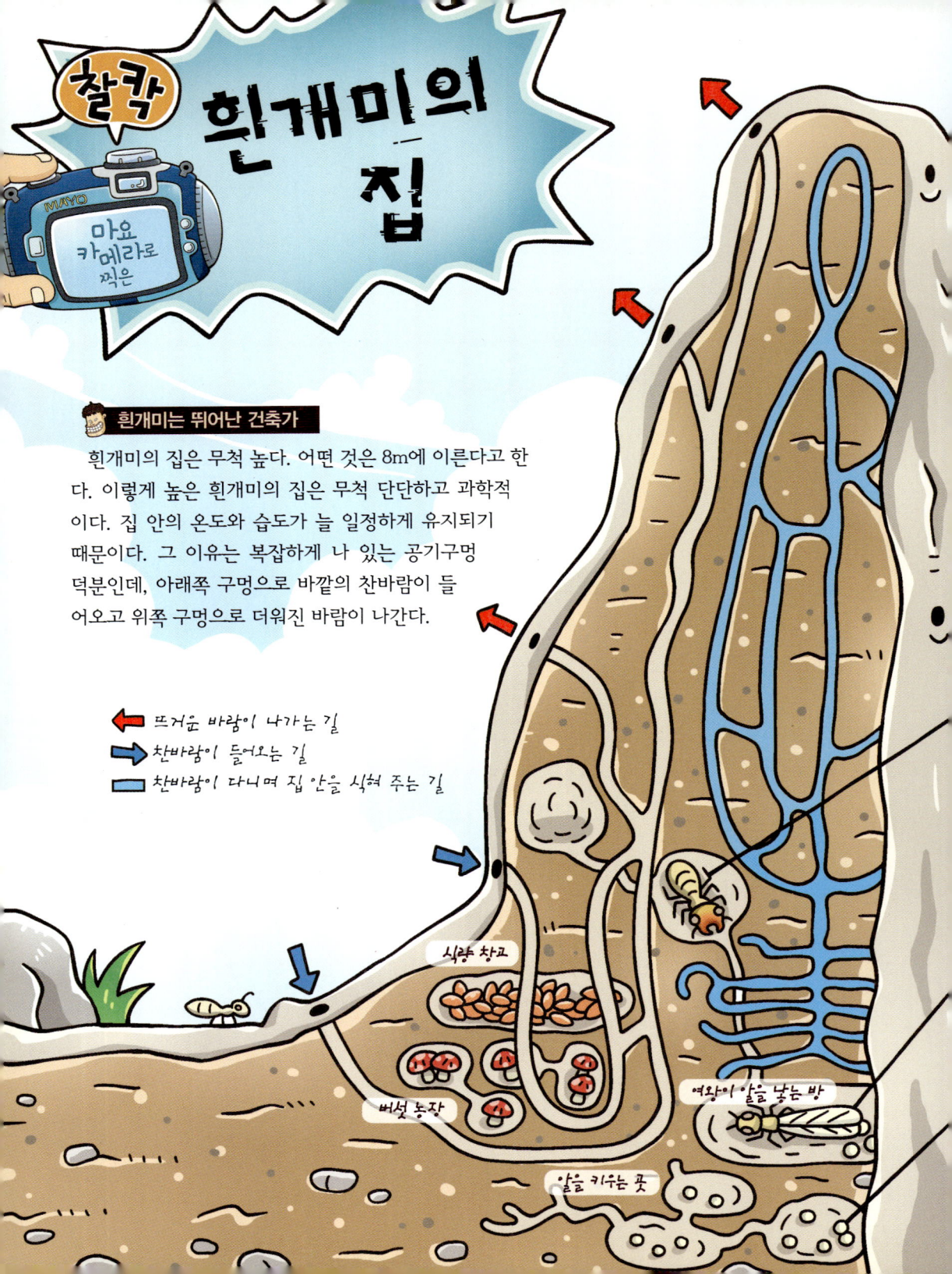

선택받은 일꾼흰개미

일꾼흰개미들 중 일부는 마지막 변태를 할 때 날개가 돋아 여왕과 왕이 될 수 있다. 선택받은 일꾼흰개미들은 때가 되면 하늘 높이 날아 짝짓기 축제를 벌인다. 그러고는 암컷이 먼저 땅에 떨어져 날개를 떼어 내면, 수컷이 날아와 땅속이나 썩은 나무속에 둥지를 짓고 짝짓기를 한 뒤 새로운 무리를 만든다. 그러나 대부분은 짝짓기를 하지 못한 채 천적에게 잡아먹힌다. 흰개미는 부드럽고 달콤해서 개미와 같은 곤충은 물론 참새와 쥐도 좋아하는 먹이이다. 흰개미 무리는 보통 1만~3만 마리 정도된다.

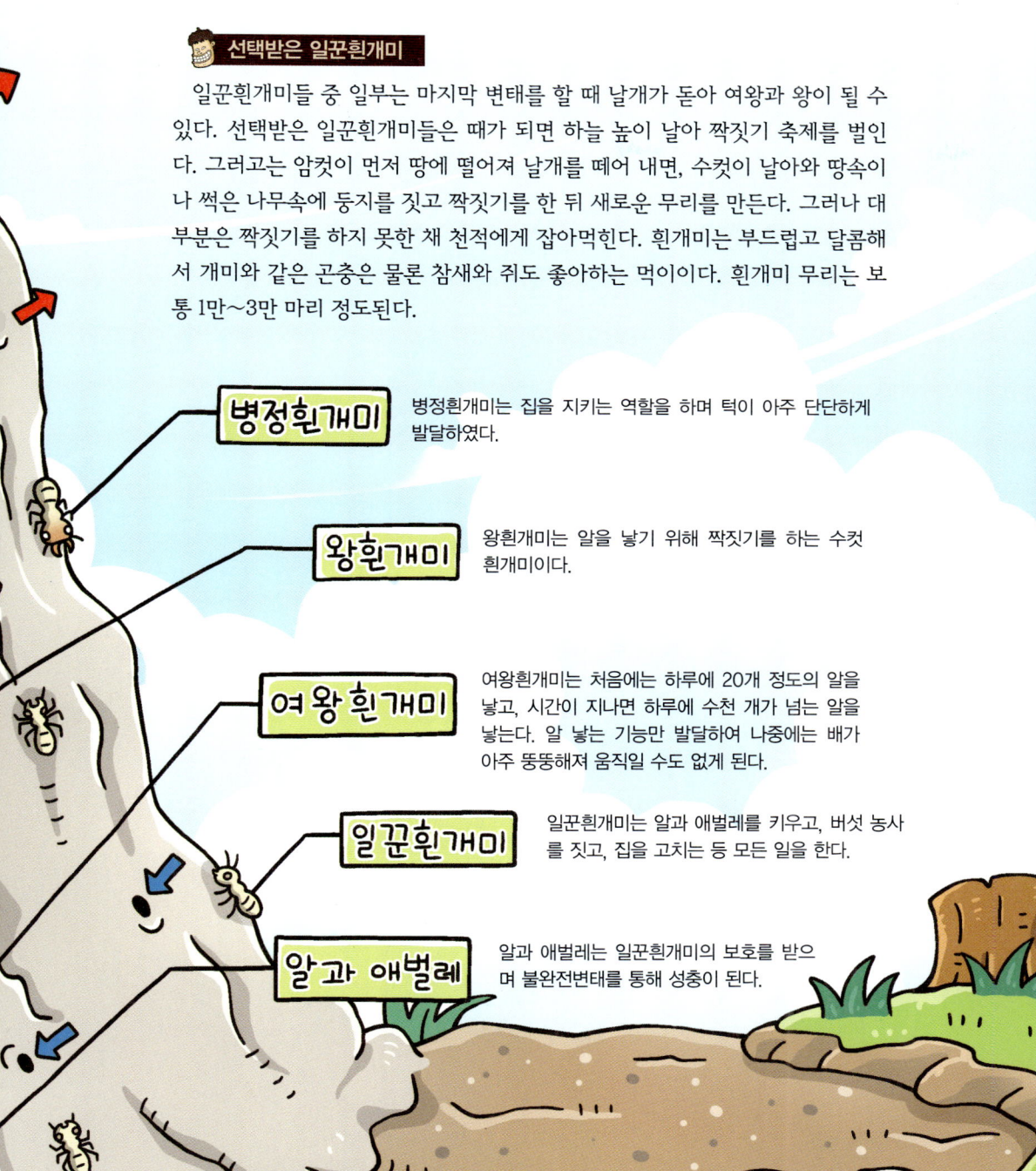

병정흰개미 — 병정흰개미는 집을 지키는 역할을 하며 턱이 아주 단단하게 발달하였다.

왕흰개미 — 왕흰개미는 알을 낳기 위해 짝짓기를 하는 수컷 흰개미이다.

여왕흰개미 — 여왕흰개미는 처음에는 하루에 20개 정도의 알을 낳고, 시간이 지나면 하루에 수천 개가 넘는 알을 낳는다. 알 낳는 기능만 발달하여 나중에는 배가 아주 뚱뚱해져 움직일 수도 없게 된다.

일꾼흰개미 — 일꾼흰개미는 알과 애벌레를 키우고, 버섯 농사를 짓고, 집을 고치는 등 모든 일을 한다.

알과 애벌레 — 알과 애벌레는 일꾼흰개미의 보호를 받으며 불완전변태를 통해 성충이 된다.

9. 메뚜기 폭풍에서 살아남다

사람들은 콘크리트처럼 단단한 흰개미의 집을 평평한 밭으로 만든 다음 집으로 돌아갔다. 곡괭이 자루에 낀 팽 박사도 농부네 집으로 가게 되었다. 농부는 곡괭이를 집 벽에 세워 놓았다.

"흰개미를 데려 오셨네. 집을 홀랑 갉아먹으면 어쩌려고……."

플로리다의 곤충보호협회 사무실에 있거나 해충 방제 트럭을 타고 있어야 할 조조였다.

"미스터 조조, 여긴 웬일이야? 암튼 나 좀 꺼내 줘. 나, 팽 박사야. 팽 박사라고!"

팽 박사가 몸을 버둥거리며 외쳤다. 그 말을 알아들었는지 조조가 손을 뻗어 팽 박사를 끄집어냈다.

"나야, 나. 알아보겠어?"

팽 박사가 더듬이를 쫑긋거렸다. 그런데 조조는 팽 박사를 구해 주기는 커녕 손가락에 힘을 주는 게 아닌가!

"이런 해충은 눌러 버려야지!"

"안 돼, 난 팽 박사야! 진짜 흰개미라고 해도 그렇지. 사람이, 그것도 곤충보호협회 사람이 곤충을 막 죽여도 되는 거야?"

팽 박사가 힘껏 몸을 비틀었다. 조조는 더욱 힘을 주어 팽 박사를 눌렀다.

"잠깐만요. 진짜 흰개미 맞아요?"

농부가 팽 박사를 번쩍 들어 요리조리 살펴보았다.

"어딘지 좀 이상하게 생겼네. 색깔도 그렇고 모양도 좀……. 혹시 기형인가? 요즘 부쩍 기형 물고기나 동물들이 많이 나와서 걱정이에요. 조조 선생님이 연구해 보시면 어떨까요?"

"에헴, 그러죠 뭐."

조조는 별로 내키지 않은 표정으로 흰개미가 된 팽 박사를 유리병에 넣고 코르크 마개를 꼭 닫았다.

"아, 살았다!"

팽 박사는 안도의 한숨을 내쉬며 유리병 바닥에 쓰러져 살풋 잠이 들었다. 꿈속에서 어렸을 때부터 지금까지 눌러 죽인 모든 개미의 얼굴이 스쳐 지나갔다. 마다가스카르로 오는 배에서 미친 듯이 눌러 죽인 빈대의 모습도 나타났다. 손뼉을 짝짝 치며 신 나게 잡던 모기들이 회오리를 일으키며 붕붕거렸다.

"여기, 아프리카꿀벌을 연구하시는 분이 계세요?"

모기 기둥을 헤치며 지나의 얼굴이 나타났다.

"지나 양, 나 좀 꺼내 줘!"

팽 박사가 꿈속에서 소리쳤다. 어느새 조조가 저벅저벅 걸어가 문을 열었다.

"어머, 조조 씨!"

분명 지나의 놀란 목소리였다. 꿈이 아니었다. 팽 박사는 벌떡 일어나 유리병에 매달렸다.

"지나 양, 나 여기 있어. 나 찾으러 온 거야?"

팽 박사는 더듬이를 쫑긋거리며 텔레파시를 보냈다. 그러나 지나는 흰개미가 보낸 텔레파시를 전혀 느끼지 못했다.

"조조 씨가 여기 어떻게? 설마 브라질에서 임명한 꿀벌 실종 문제 전문가가 조조 씨예요?"

조조가 거만하게 지나를 내려다보았다.

"그래요. 그런데 여긴 웬일? 곱슬머리는요?"

"우리 팽 박사님이 사라졌어요. 꿀벌처럼 흔적도 없이 사라졌죠. 아무리 찾아도 찾을 수가 없어요. 그래서 우리가 팽 박사님의 뒤를 이어 꿀벌 문제를 해결하려고요. 그것이 팽 박사님의 뜻을 기리는……."

지나가 울먹였다. 유리병 속에서 듣고 있던 팽 박사의 마음도 뭉클해졌다. 하지만 성격이 급한 조조는 지나의 말을 끝까지 들으려 하지 않았다.

"암튼 그래서요?"

"아, 네. 여기 사람들이 그러는데 아프리카꿀벌만 있으면 꿀벌 실종 문제를 해결할 수 있다고 하셨다면서요?"

"내 연구 결과는 그렇소. 그런데 왜요?"

앤트가 잠시 망설이다가 손에 든 상자를 내밀었다.

"아프리카꿀벌의 집이에요. 꿀벌 실종 사건을 같이 해결했으면 해서요."

"잘됐군. 안 그래도 여왕벌 한두 마리만 더 구해지면 브라질로 가려고 했지. 이제 출발하면 되겠어."

조조는 앤트가 내민 상자를 빼앗다시피하여 다른 여왕벌 상자와 함께 놓았다.

"아프리카꿀벌을 어떻게 하려는 거예요?"

"아프리카꿀벌은 스스로 응애도 잡아내고 꿀도 아주 많이 만들죠. 벌이 아주 건강해서 그래요. 이렇게 건강한 꿀벌이라면 오래오래 꿀을 만들어 낼 수 있을 거요. 그러니까 이 아프리카꿀벌의 여왕벌과 양봉 수벌을 교배시킨다면 튼튼하지만 순한 꿀벌이 나올 게 아니오? 양봉 꿀벌을 이 신품종으로 대체하면 꿀벌 실종 문제는 해결될 거요."

앤트가 불쑥 끼어들었다.

"성격도 나쁘고 몸도 약한 꿀벌이 나오면 어떡해요?"

"그럴 리 없지!"

조조는 자신만만하게 말했지만 앤트는 고개를 내저었다. 벌을 사람들의 편의대로 다른 대륙으로 옮기고, 사람 마음대로 교배시키는 것은 자연스럽지 않은 일이었다. 게다가 자연스럽지 않은 일을 하면 먼 미래에 어떤 결과가 나올지는 아무도 모르는 일이었다.

"꿀벌 실종의 원인을 밝히는 건 아니네요. 새로운 꿀벌로 대체하자는 거니까요."

지나도 조조의 아프리카꿀벌 연구가 꿀벌 실종을 해결할 좋은 방법은 아니라고 생각했다. 하지만 조조의 시도가 성공한다면 할아버지에게도 아프리카꿀벌을 가져다주고 싶었다. 그래서 조조를 따라 브라질로 가서 연구를 지켜보기로 했다.

다음 날 조조는 아침 일찍 짐을 쌌다. 가장 중요한 짐은 나무 상자에 각각 넣은 여왕벌 오십 마리였다. 그중 앤트가 가져온 아프리카꿀벌의 집도 있었다. 나머지 짐은 세 개의 가방에 꽉꽉 나누어 넣었다.

"뭐 빠진 것은 없겠지?"

조조가 방을 둘러보았다.

"내가 빠졌잖아. 나도 데려가! 농부 아저씨가 연구해 보라고 했잖아. 어서 가방에 나를 넣어!"

팽 박사는 애가 타서 발을 동동 굴렀다. 그러나 조조는 이미 흰개미 따위는 까맣게 잊어버렸다.

"이봐, 나 좀 봐! 나 좀 보라고!"

조조는 뚜껑이 있는 트럭에 짐을 넣고 열쇠로 꼭 잠갔다. 팽 박사는 절망에 빠졌다.

"지나 양, 먹구름이 몰려오고 있어. 비가 오기 전에 어서 출발하지!"

조조가 부산스럽게 소리쳤다.

그런데 무서운 속도로 몰려오는 검은 정체는 먹구름이 아니었다. 웅웅웅 괴상한 소리를 내며 빠른 속도로 몰려오는 메뚜기 떼였다. 마당에서 모래를 쪼던 닭과 오리들이 닭장으로 도망쳤다. 새들도 유난히 푸드덕거리며 하늘 높이 날아올랐다.

"메뚜기 떼가 나타났어! 어서 집 안으로 들어가. 어서!"

조조가 앞장서서 달렸다. 지나와 앤트도 힘껏 뛰었다. 그러나 메뚜기가 한 발 앞섰다. 메뚜기들은 휘몰아치는 눈폭풍처럼 하늘을 덮더니 우박이 퍼부을 때처럼 요란한 소리를 내며 내려앉았다. 마른 풀과 진흙으로 지은 지붕, 막 씨앗을 뿌린 밭, 마른 풀이 듬성듬성 난 길, 이 모든 것들이 메뚜기 떼로 까맣게 덮였다. 한꺼번에 너무 많은 메뚜기 떼가 내려앉은 나뭇가지는 금방이라도 부러질 것처럼 위태롭게 흔들렸다.

메뚜기는 모든 것을 먹어 치우기 시작했다. 집 벽에 걸린 밀짚모자는 이미 흔적도 남지 않았다. 풀과 곡식, 지푸라기뿐 아니라 갈대로 엮은 의자와 나무로 만든 탁자, 곡괭이와 쇠스랑의 손잡이까지도 금세 해치울 기세였다.

조조와 지나, 앤트는 손으로 머리를 감싼 채 집 안으로 뛰어 들어왔다. 메뚜기가 어찌나 세게 떨어지는지 꼭 권투 선수한테 얻어맞는 기분이었다. 하지만 집 안도 이미 메뚜기가 차지한 뒤였다. 먹을 것은 물론이고 책상과 침대까지 메뚜기가 다닥다닥 붙어서 갉아먹고 있었

 메뚜기가 떼 지어 날아다니는 까닭

떼를 지어 날아다니며 식물을 먹어 치우는 메뚜기 종류는 풀무치이다. 이 메뚜기들은 가끔씩 폭발적으로 숫자가 늘어 떼를 지어서 먹이를 찾아 날아간다.

원래 메뚜기는 혼자 생활하는데 어떤 지역에서 갑자기 숫자가 많아져 먹이가 부족해지면 새끼 메뚜기들의 성격이 변해 집단을 이뤄 조금씩 날아다닌다. 허물을 벗을 때마다 집단 이동은 점점 더 잦아지고, 혼자 생활하는 메뚜기보다 날개가 길어진다. 그러다가 어느 날 갑자기 큰 집단을 이뤄 떼로 날아가는데, 주로 몇 년 동안 가뭄이 계속되다가 단비가 온 뒤에 이런 일이 발생한다.

다. 메뚜기는 앤트의 바짓가랑이 속까지 기어 들어왔다. 앤트는 다리를 쫙 벌린 채 방방 뛰었다.

"조조 씨, 대체 어떻게 된 일이죠? 메뚜기들이 미친 거예요?"

지나가 몸에 붙은 메뚜기들을 떼어 내느라 안간힘을 쓰며 물었다. 하지만 메뚜기들은 맛있는 유기농 면 티셔츠에서 떨어지지 않았다.

"메뚜기가 대량으로 발생한 모양이군. 몇 년 동안 가물다 비가 오더니 이런 재앙이 닥쳤어!"

"그럼 어떻게 되는 거죠? 정말로 아무것도 남지 않나요? 어떻게든 해야죠. 약이라도 뿌려야지 손 놓고 있으면 어떡해요?"

지나가 목소리를 높이자 앤트가 달래듯 말했다.

"시간이 지나면 저절로 없어지긴 해요."

"모든 것을 다 먹어 치운 다음에 없어지면 뭐 하니? 사람들은 뭘 먹고 살라고. 안 그래도 아프리카 사람들이 얼마나 굶주림에 허덕이는데……."

메뚜기 떼는 나무로 만든 가구까지 게걸스럽게 먹어 치웠다. 지나는 몹시 화가 났지만 아무것도 할 수 없었다. 정부가 나서서 비행기로 살충제를 뿌리지 않는 한 백만 마리씩 떼를 지어 날아다니는 메뚜기 떼를 없앨 수는 없었다. 그러나 살충제를 뿌리는 것도 썩 좋은 방법은 아니었다. 살충제 부작용을 무시할 수는 없었기 때문이다.

팽 박사는 유리병 안에서 덜덜 떨었다. 괴물 같은 메뚜기들이 팽 박사가 갇힌 유리병 위에도 까맣게 올라왔기 때문이다. 그중 몇 마리는 유리병의 코르크 마개를 신 나게 갉아먹었다.

"오지 마, 오지 마! 난 맛이 없단 말이야."

팽 박사는 빈대처럼 유리병 바닥에 납작하게 붙었다. 메뚜기는 코르크 마개를 조금씩 조금씩 먹어 들어왔다. 결국은 구멍을 냈고, 구멍을 더 크게 내고, 마침내 코르크 마개를 흔적도 없이 먹어 치웠다.

"으악! 살려 주세요."

팽 박사는 메뚜기가 병 속으로 폴짝 뛰어 들어와 강력한 씹는 입으

 곤충의 입

곤충은 먹이에 따라 각각 다른 입을 가지고 있다.

씹는 입	빠는 입	핥는 입	찌르는 입
메뚜기, 잠자리, 나비와 나방의 애벌레 등의 입	꿀을 빨아 먹는 나비와 나방 등의 입	음식을 핥아 먹는 파리 등의 입	피를 빠는 모기, 나무 수액을 빠는 매미 등의 입

130

로 물어뜯을 것 같아 잔뜩 웅크렸다. 그러나 메뚜기들은 팽 박사에게 관심이 없었다. 식물성 먹이만 먹는 메뚜기들은 다음 차례인 책상을 먹어 치우느라 바빴기 때문이다.

"아, 살았다!"

팽 박사가 막 기쁨의 한숨을 내쉬려는 순간 유리병이 놓여 있던 책상이 와르르 무너졌다. 메뚜기들이 책상 다리를 먹어 치우는 바람에 무너진 것이다. 팽 박사가 들어 있던 유리병이 또르르 바닥으로 굴러 떨어져 깨졌다. 팽 박사는 깨진 유리병에서 재빨리 나왔다. 하필이면 그 순간 잉크병도 떨어지면서 팽 박사 위로 검은 잉크가 쏟아졌다. 흰개미 팽 박사의 온몸이 검게 물들었다.

"지나 양, 지나 양!"

검은 흰개미가 된 팽 박사는 메뚜기들의 똥을 헤치며 지나의 가방으로 기어갔다. 지나의 가방은 비닐로 만들어서 메뚜기들이 먹을 수 없었다.

팽 박사는 살짝 열린 지퍼 사이로 들어갔다. 지나의 화장품 냄새가 확 풍겼다. 팽 박사는 비로소 마음이 편해졌다.

"지나 양, 나도 데려가. 두고 가면 안 돼!"

검은색 흰개미가 된 팽 박사가 속삭였다.

메뚜기의 생태

마요 카메라로 찍은 찰칵

얼마나 멀리, 얼마나 빨리 갈까?

날아가는 메뚜기 떼는 24시간 동안 시속 16km로 날아갈 수 있다. 바람을 타면 시속 80~100km의 빠른 속력으로 날아가며, 날개가 돋지 않은 어린 벌레들은 기어서 따라간다. 새로운 곳에 도착한 메뚜기 떼는 모든 식물을 단 몇 시간 만에 먹어 치운 뒤 똥만 남겨 둔 채 다른 곳으로 떠난다. 메뚜기 떼는 며칠에서 몇 주일 동안 모든 것을 먹어 치운 뒤 사라지는데 워낙 엄청난 양을 먹어 치우기 때문에 농사에 치명적이다.

방아깨비
긴 뒷다리를 잡고 있으면 방아를 찧는 것처럼 움직인다.

귀뚜라미
집 주위에 살며 초원이나 정원의 돌 밑에서도 볼 수 있다. 야행성이며 잡식성이다.

여러 종류의 메뚜기

메뚜기는 메뚜기, 풀무치, 여치, 방아깨비, 콩중이, 팥중이, 귀뚜라미 등 전 세계에 17,000여 종이 있다. 알→애벌레→성충으로 자라는 불완전변태를 한다. 땅속에서 알의 상태로 겨울을 보낸다. 초원에 서식하며 땅 위에서 생활하는 종이 많으나, 풀잎이나 나뭇가지 위에서 생활하는 종도 있고 농작물에 피해를 주는 종도 있다.

메뚜기의 보호색

여름의 메뚜기는 풀색과 같은 초록색이고, 가을의 메뚜기는 마른 풀과 같은 누런색이다. 메뚜기는 주위 환경에 맞추어 몸 색깔을 변화시키기 때문이다. 천적으로부터 자기 몸을 보호하기 위해 보호색을 쓰는 곤충은 아주 많다. 냇가에 사는 콩중이는 자갈이나 모래와 똑같은 색깔을 띤다.

풀무치
콩중이, 팥중이와 비슷하게 생겼지만 더 크다. 떼를 지어 날아다니며 농작물에 큰 피해를 주기도 한다.

콩중이, 팥중이
콩과 팥 등의 곡식을 좋아한다.

여치
수컷은 낮에 '찌르르 찌르르' 하는 소리를 낸다. 주된 먹이는 작은 곤충이며 때로는 같은 종족끼리도 잡아먹는다.

10. 아마존개미의 노예가 된 팽개미

메뚜기 떼는 모든 것을 먹어 치운 뒤 먹을 것이 있는 다른 어딘가로 미련 없이 떠났다.

지나와 앤트도 조조와 함께 브라질로 떠났다. 트럭 안에 있어서 메뚜기 공격을 피할 수 있었던 여왕벌들도 함께였다. 물론 지나의 가방 속에 안전하게 들어간 팽 박사도 함께 떠났다.

조조는 브라질에 도착하자마자 양봉을 하는 사람들을 모았다.

"여러분, 이게 아프리카꿀벌의 여왕벌이에요. 양봉 벌보다 크기는 작지만 아주 건강하고 야무지답니다. 또 꿀도 몇 배나 더 생산하지요. 성격이 좀 사납긴 하지만 건강한 이 꿀벌을 데려가실 분 없나요?"

용감한 양봉가 몇 명이 손을 들었다.

"아무한테나 막 나누어 줘도 돼요? 여기서 어떻게 적응할지 모르잖아요."

앤트가 걱정이 되어 물었다.

"네가 곤충 소년이라 아는 게 많다 이거니? 브라질 정부에서 꿀벌 문제를 해결하라고 임명한 사람은 나야. 이 조조란 말이다. 주제넘은 걱정은 그만두라고."

조조는 거만하게 보일 만큼 자신만만했다. 조조는 양봉가들에게 여왕벌을 다 나누어 주고 자신도 건강한 여왕벌을 데리고 결혼 비행을 시키러 갔다. 지나와 앤트도 따라갔다.

결혼 비행에 딱 적합한 날씨였다. 하늘은 푸르고, 바람은 따스했다. 꽃향기는 바람을 타고 사람들의 콧등을 간지럽혔다. 여왕벌은 어서 밖으로 나오고 싶은지 상자 안에서 요란을 떨었다.

조조가 상자를 활짝 열자, 여왕벌이 하늘 높이 날아올랐다. 여왕벌의 냄새를 맡고 찾아온 수십 마리의 수벌들이 뒤따라 날았다. 아프리카에서 온 여왕벌은 낯선 환경에도 주눅 들지 않고 멋지게 결혼 비행을 성공했다.

"오, 아름다워! 이 역사적인 장면을 찍어 둬야지. 나중에 팽 박사님을 찾게 되면 꼭 보여 줄 거야."

지나는 카메라를 꺼내려고 가방에 손을 넣었다.

"아야! 지나 양, 조심해. 나, 찌그러질 뻔했잖아."

가방 속에 숨어 있던 팽 박사가 불평을 했다. 지나는 무심코 손을 움직여 카메라 가방을 꺼냈다. 그런데 카메라 가방의 줄이 밖으로 튕겨져 나가며 팽 박사를 툭 쳤다. 팽 박사는 바닥으로 떨어지고 말았다.

"아웅! 지나 양, 나 떨어졌어. 올려 줘, 올려 줘."

팽 박사가 다급하게 소리치며 지나의 운동화 쪽으로 기어갔다. 당장 사람으로 변하지 못하더라도 일단 지나 곁에 있어야 했다. 그 때

와글와글 군대개미가 몰려오는 소리가 들렸다. 군대개미 떼를 피하느라 파리가 슝 날아오르고, 딱정벌레와 지네는 우왕좌왕했다. 당황한 곤충들을 낚아채려고 새들까지 몰려와 소란을 피웠다.

"앗, 군대개미다! 어서 차에 타요. 물리면 진짜 아파!"

앤트도 소리쳤다. 사람들은 바람처럼 빠르게 차에 탔다.

 왜 군대개미를 피해야 할까?

군대개미는 산 사람도 해치울 수 있다는 무서운 소문의 주인공이다. 하지만 사실은 도마뱀보다 크기가 더 큰 동물은 사냥할 수 없다.

군대개미는 100만 마리나 되는 대규모 집단이 하루에 100~200m를 이동하며 산다. 군대개미는 행군을 하며 앞에 나타난 것은 무엇이든, 가죽은 물론 뼈도 남기지 않고 먹어 치운다. 군대개미가 지나가면 바퀴벌레 한 마리도 남지 않을 정도라고 한다. 사냥 도구는 자기 몸의 반 정도 되는 튼튼한 턱이다. 여왕개미가 알을 낳을 때는 이동을 멈추고 잠시 쉰다.

"안 돼! 지나 양, 나도 데려가."

팽 박사가 소리쳤지만 자동차는 무심하게도 붕 떠나고 말았다. 팽 박사는 울면서 차를 쫓아갔다. 뒤에서는 군대개미가 무시무시한 속도로 다가오고 있었다. 딱정벌레, 바퀴벌레, 쥐며느리, 작은 들쥐까지 닥치는 대로 먹어 치우면서…….

"으악!"

팽 박사도 서둘러 도망쳐야 했다. 그러나 서두를수록 발이 말을 안 들었다. 팽 박사는 그만 새똥 위에 미끄러졌다. 군대개미는 무시무시한 턱을 딱딱거리며 점점 다가오고, 새똥은 미끄럽기만 하고……, 팽 박사는 기절이라도 하고 싶었다.

그 때 새똥 위로 호랑이 줄무늬가 있는 세줄나비가 날아왔다. 나비는 동그랗게 말고 있던 대롱 같은 입을 쭉 펴고 새똥을 빨아 먹었다. 알을 낳기 위해 필요한 질소 영양분을 새똥에서 얻는 중이었다.

팽 박사는 재빨리 나비의 날개에 올라탔다.

"야, 이상한 개미! 얼른 안 떨어져?"

"싫어!"

"이래도 안 떨어질 테야?"

세줄나비가 날개를 펄럭펄럭 흔들었다. 군대개미가 새똥 바로 앞까지 몰려왔다. 팽 박사는 여섯 개의 다리에 더욱 힘을 주었다.

"아이고 참! 너 지금 안 떨어진 걸 후회하게 될 거야."

나비는 하늘 높이 올라갔다. 팽 박사가 바라던 일이었다. 몰려오는 군대개미의 밥이 되지 않으려면 하늘 위로 올라가는 수밖에 없었다. 세줄나비는 팽 박사를 떨어뜨리려고 일부러 날개를 더 세게 펄럭였다. 팽 박사는 머리가 어질어질했지만 날개를 붙든 발에 더욱 힘을 꽉 주었다. 그러나 시간이 지날수록 점점 힘이 빠졌다. 세줄나비가 동그

 세줄나비는 왜 새똥을 먹을까?

나비가 주로 먹는 꽃꿀에는 질소가 거의 없다. 하지만 암컷 나비가 알을 낳으려면 질소 영양분이 꼭 필요하다. 그래서 대부분의 나비는 애벌레 때 몸에 모아둔 질소 영양분을 필요할 때 쓰고, 모자라는 질소 영양분을 새똥에서 얻는다. 군대개미 근처에는 군대개미를 피해 정신없이 달아나는 곤충들을 사냥하는 새가 많아서 새똥도 많고, 새똥을 먹으려는 나비도 자주 나타난다.

라미를 그리며 돌자 팽 박사는 그만 떨어지고 말았다.

팽 박사는 정신을 잃었다. 마침 노예를 구하러 가던 아마존일개미들이 팽 박사를 발견했다.

"이건 뭐야? 검정개미 같은데 이상하게 생겼다. 일단 죽일까?"

"이미 죽은 것 같은데? 한번 물어 볼까?"

아마존개미 한 마리가 팽 박사의 꽁무니를 콱 물었다.

"아얏! 누가 내 매력적인 엉덩이를 무는 거야?"

벌떡 일어난 팽 박사는 곧 일어난 것을 후회했다. 자기보다 턱이 두 배나 큰 아마존개미 세 마리가 팽 박사를 노려보고 있었다.

"아니, 왜 무십니까? 더러운 엉덩이를……. 고귀한 입에 냄새라도 배면 어쩌시려고……."

"너, 우리 노예 맞냐?"

아마존개미가 단단한 갈색 머리를 들이밀며 물었다. 팽 박사는 무작정 고개를 끄덕였다.

"근데 좀 이상하게 생겼다. 꼭 흰개미를 닮았네."

팽 박사는 얼른 더듬이를 구부리고 가운뎃다리로 허리를 눌러 개미허리를 만들었다.

"희, 흰개미라니요? 흰개미는 아마존개미님들이 좋아하는 먹이가 아닙니까? 저는 그냥 개미입니다. 운동을 안 했더니 허리가 좀 굵어진 것

뿐이에요. 새똥에 굴렀더니 몸 색깔도 좀 이상…… 하죠?"

"좀 그렇네. 앞으로는 노예 뽑을 때 얼굴도 좀 보자."

"그래, 눈 버리겠다! 이봐, 못생긴 노예. 가서 먹을 것 좀 구해 와."

팽 박사는 냉큼 대답했다.

"예, 충성!"

아마존개미들은 흐뭇한 미소를 지으며 바로 옆의 불개미집으로 들어가 싸움을 벌였다. 덩치가 크고, 힘이 센 아마존개미들은 불개미의 집에 쳐들어가 알과 애벌레를 훔쳐 돌아왔다. 이렇게 가져온 알과 애벌레는 먹기도 하고 부화를 시켜 노예로 삼기도 했다.

팽 박사도 먹을 것을 구해 아마존개미의 집으로 갔다.

"아마존개미한테 잡아먹히는 것보다는 노예 노릇을 하며 버티는 게 나아. 언젠가 지나 양을 만날 때까지, 그래서 집으로 돌아갈 때까지 살아 있어야 해!"

팽 박사는 주먹을 불끈 쥐고 다짐했다.

그러나 아마존개미의 노예 노릇은 결코 쉽지 않았다. 아마존개미들은 빈둥거리다 가끔 싸움질을 하는 것 말고는 노예를 부리며 아무것도 안 했다. 지나가 있으면 팽 박사가 아무 일도 안 하는 것처럼 말이다. 그러다 일손이 부족하면 다른 개미집을 공격해 노예가 될 알과 애벌레를 훔쳤다.

반면에 노예 개미들은 묵묵히 알을 키우고, 애벌레를 키우고, 아마존일개미들에게 먹을 것을 대 주고, 여왕개미의 시중을 들고, 집을 고쳤다. 팽 박사도 날마다 일에 치어 허리가 휠 정도였다.

"사람이었을 때 이렇게 일했으면 지나가 떠나지도 않았을 텐데……. 지금까지 지나가 정말 힘들었겠지! 근데 불평도 안 하고 일만 하다니 노예 개미들은 도대체 일벌레야, 바보야?"

팽 박사는 아마존개미 몰래 투덜거렸다.

"너도 그렇게 생각하니?"

애벌레에게 먹이를 주던 개미 한 마리가 팽 박사에게 찰싹 달라붙었다. 팽 박사는 놀라서 움츠렸다.

"너, 생긴 건 이상한데 정신은 똑똑하구나? 난 프리야. 나도 노예 제도가 불평등하다고 생각하고 있어. 나와 뜻을 같이하자."

"뜻? 무슨 뜻?"

"반란을 일으키는 거야. 우린 검정개미의 알 몇 개를 여왕으로 키우고 있어. 반란이 성공했을 때를 대비해서 말이야."

"반란? 아마존개미의 강한 턱을 보고도 그런 말이 나오냐?"

텔레비전의 역사극에나 나오는 단어를 듣고 있자니 겁이 났다. 프리는 팽 박사의 가슴에 앞발을 턱 걸치며 친한 척을 했다.

"겁먹지 마, 동지! 보름날 밤, 먹이 창고에서 만나자."

그 때 아마존개미 하나가 커다란 머리통을 안으로 쑥 집어넣었다.

"애들 밥 다 줬으면 우리도 밥 줘!"

"예, 예, 예. 충성!"

프리는 팽 박사에게 눈을 찡긋하고 서둘러 나갔다. 팽 박사는 어찌 할지 몰라서 오도카니 서 있었다.

복잡한 팽 박사의 마음을 아는지 모르는지 달은 날마다 차올랐다.

"안 되는데, 보름이 되면 안 되는데……."

기어이 보름날이 되었고 팽 박사는 저녁부터 안절부절못했다. 어떤 일이 일어날지 전혀 모르는 아마존개미들은 노예 개미가 물어다 준 꿀과 죽은 곤충을 배불리 먹고 잠이 들었다. 팽 박사도 그 옆에서 그냥 자고 싶었다. 그런데 프리가 팽 박사의 옆구리를 콕콕 찔렀다.

'가자!'

프리가 손짓으로 말했다. 팽 박사는 쭈뼛쭈뼛 일어나 프리를 따라갔다. 창고에는 이미 수십 마리의 검정개미들이 모여 있었다.

"먼저 아마존일개미들이 자는 방에 몰래 들어가는 거야. 일개미를 다 해치운 다음 여왕개미한테 한꺼번에 달려들자고!"

검정개미들이 모두 앞다리를 하나씩 올렸다. 찬성이라는 뜻 같았다.

검정개미들은 살금살금 줄을 지어 아마존일개미들이 자는 방으로 들어갔다. 팽 박사는 맨 뒤에서 따라갔다. 먼저 들어간 개미들은 두셋

씩 짝을 지어 아마존개미를 물어뜯었다.

"아얏! 누구야?"

공격을 받은 아마존개미들이 벌떡 일어났다. 막 잠에서 깼는데도 아마존개미들은 강한 턱으로 검정개미를 물어서 무자비하게 던졌다. 오랫동안 준비해 온 검정개미들의 반격도 만만치 않았다. 겁에 질린 팽 박사는 싸움이 일어난 방에 들어가지도 못하고 발만 동동 굴렀다.

싸움은 새벽까지 계속되었다. 시간이 갈수록 체력이 좋은 아마존개미들이 유리했다.

"반란에 가담한 놈들은 한 마리도 살려 두지 마라!"

아마존개미들이 소리쳤다. 팽 박사는 심장이 덜컹 내려앉는 것 같았다. 검정개미들의 무리에서 빠져나와 살금살금 밖으로 나갔다. 새벽부터 혼자 돌아다니면 새나 거미의 먹이가 될 수도 있었다. 하지만 아마존개미한테 잡혀도 먹이가 되는 건 마찬가지였다.

"똑같이 위험하다면 새로운 길을 찾아 떠나겠어!"

팽 박사는 저도 모르게 말했다.

"아웅! 나, 용감한 모험가 같아. 내가 사람이었다면 노벨모험상을 받았을 텐데."

팽 박사는 스스로를 칭찬하며 열심히 도망쳤다.

11. 고마운 제왕나비의 마법사

"미국에 살인 벌이 나타났습니다. 살인 벌은 우연히 벌집을 건드린 70대 할머니를 약 삼십 군데 정도 쏘았다고 합니다. 할머니는 급히 병원으로 옮겨졌지만 아직 깨어나지 못하고 있습니다. 살인 벌은 아프리카꿀벌로 밝혀졌습니다. 아프리카꿀벌은 브라질 정부가……."

뉴스를 본 지나와 앤트는 깜짝 놀랐다. 앤트가 걱정했던 일이 벌어

 살인 벌

살인 벌은 아프리카꿀벌의 별명이다. 아프리카꿀벌은 다른 벌집으로 들어가 여왕벌을 죽이는 습성이 있어서 아프리카에서 암살 벌로 불리기도 한다. 그런데 브라질에서 아프리카꿀벌을 브라질로 들여온 뒤 아프리카꿀벌에 쏘여 죽는 사람들이 생기면서 살인 벌이라고 불리기 시작했다.

아프리카꿀벌은 공격받았다고 생각하면 과잉 방어를 한다. 다른 꿀벌보다 독이 더 강하지는 않지만 더 자주 쏘고, 끝까지 쫓아온다. 양봉 꿀벌은 100m 정도 쫓아가다 벌집이 안전해졌다고 생각하면 돌아가지만, 아프리카꿀벌은 800m도 넘게 쫓아온다. 피하려고 물속에 빠져도 소용없다. 물 밖으로 나올 때까지 기다리기 때문이다.

아프리카꿀벌　　양봉 벌

졌기 때문이다.

 아프리카꿀벌은 그동안 브라질에 잘 적응했다. 조조와 농부들이 원하는 대로 벌집을 짓고 꿀을 아주 많이 생산했다. 그러나 '욱' 하는 거친 성격은 모두의 예상을 뛰어넘었다.

 아프리카꿀벌은 조금만 위험을 느껴도 여왕벌과 일벌이 살던 집을 통째로 버리고 나가 다른 집을 지었다. 위협을 느끼면 지나치게 과잉 방어를 했다. 아프리카꿀벌을 키우다 벌에 쏘인 농부가 한둘이 아닐 정도였다. 농부들은 이 무서운 벌을 계속 키워야 할지 고민에 빠졌다. 그 사이 아프리카꿀벌은 영역을 더욱 넓혀 미국의 플로리다까지 진출했다.

 "조조 아저씨의 연구는 완전 실패예요. 다른 대륙의 곤충을 마구 들여오니까 문제가 생긴 거예요. 막지는 못할 망정 따라와서 구경이나 하고 있었다니 내가 어떻게 됐나 봐요."

 앤트가 침울한 표정으로 말했다.

 "네 말이 맞아! 이제 꿀벌 실종 연구는 어쩌니? 뭐라 해도 팽 박사님이 없으니까 연구를 진행할 수가 없네. 아, 보고 싶다, 팽 박사님!"

 그 때 아프리카꿀벌을 데려갔던 농부들이 우르르 몰려왔다.

 "조조 어딨어?"

 "그놈 때문에 완전 망했어!"

농부들은 화가 나서 소리쳤다. 지나와 앤트는 영문을 몰라 눈만 휘둥그레 떴다.

"아프리카꿀벌인지 살인 벌인지 암살 벌인지 암튼 다른 벌통에 몰래 침입해 여왕벌을 죽이고 다니잖아. 우린 망했다고!"

"성질은 어찌나 사나운지 우리 아들이 쏘여서 죽을 뻔했다고."

"우리 농장은 완전 살인 벌 공포에 빠졌어. 아무도 농장 일을 하려고 들지 않아. 조조 어딨어? 당장 책임지라고 해!"

"너희들은 뭐야? 조조랑 어떤 관계야?"

농부가 거칠게 물었다.

"우린 그냥 아프리카꿀벌 연구가 궁금해서 따라온 사람들일 뿐이에요. 우리도 어제부터 조조 씨를 못 봤어요."

눈치 빠른 조조는 이미 달아나고 없었다. 그러나 화가 난 농부들은 날이 새더라도 조조를 기다릴 기세였다. 지나와 앤트는 당장 그곳을 떠나야겠다고 결심했다. 둘은 플로리다로 가기로 했다.

한편 아마존개미를 피해 도망가던 팽 박사는 너무 목이 말랐다. 벌써 해가 뜬지 한참이 지나서 이슬도 다 말라 버렸다. 팽 박사는 나무 위를 쳐다보았다.

"분명 수액이 흘러나오는 데가 있을 거야. 다른 곤충들이 뚫어 놓앉을 텐데……."

팽 박사는 나무 위로 기어 올라갔다. 다행히 곧 수액 샘을 발견했다. 팽 박사의 몸에 숨어 있던 곤충 능력이 점점 발휘되고 있었다. 팽 박사는 정신없이 수액을 마셨다.

"내 것도 좀 남겨 놔!"

호랑이 줄무늬가 아주 예쁜 나비 한 마리가 살포시 내려왔다.

 수액을 좋아하는 곤충들

나무에서 나오는 수액은 달고 영양분이 많다. 많은 곤충들이 수액 냄새를 맡고 수액이 흘러나오는 나무로 날아온다. 아침과 낮에는 나비와 장수말벌, 풍이 등의 곤충이, 밤에는 나방과 장수풍뎅이, 사슴벌레, 하늘소 등의 곤충이 모여든다. 이렇게 모여든 곤충을 먹으러 때때로 개구리가 나무 위로 올라오기도 한다.

"아웅! 날개가 비싸 보이는 나비가 또 나타났네. 너도 세줄나비냐?"

"제왕나비는 절대 길을 잃지 않아. 여긴 멕시코일 거야. 가까운 곳에 나비 나무가 있을 텐데……."

제왕나비는 엉뚱한 소리를 했다. 팽 박사가 턱을 딱딱 부딪히며 말했다.

"여긴 브라질이야!"

"말도 안 돼! 제왕나비는 절대 길을 잃지 않아. 그러니까 여긴 멕시코야. 나처럼 멋진 나비들이 포도송이처럼 다닥다닥 붙어 있는 나무 못 봤니?"

팽 박사는 고개를 저으면서 다시 한 번 말했다.

"여긴 브라질이야. 그것도 아마존 밀림이지. 무시무시한!"

"아니야, 여긴 멕시코야. 왜냐하면…… 음, 왜냐하면 제왕나비는 절대 길을 잃지 않으니까."

"홍! 여기가 멕시코면 나는 개미가 아니겠다!"

팽 박사는 콧방귀를 뀌었다. 제왕나비도 지지 않았다.

"천만에! 넌 개미야. 그것도 아주 이상하게 생긴!"

팽 박사는 한 글자씩 또박또박 다시 한 번 말했다.

"천만에, 넌 길을 잃었어. 여긴 멕, 시, 코, 가, 아, 니, 야!"

제왕나비는 흥분해서 제자리에서 날개를 퍼덕거렸다.

"맙소사, 제왕나비는 절대 길을 잃지 않아. 우린 태양의 위치와 지구의 자기장을 파악해 방향을 찾는다고. 공기의 흐름까지 고려해 날아가는데……. 로키 산맥에서 멕시코까지 먼 길을 말이야. 맙소사! 중

 곤충은 어떻게 방향을 알까?

개미, 벌, 제왕나비 등 많은 곤충들은 주로 태양의 각도와 지구의 자기장을 참고하여 방향을 잡는다고 한다. 지구는 북극에서 남극까지 자기장으로 연결된 하나의 큰 자석이다. 곤충은 위치에 따라 강도가 다르게 느껴지는 자기장을 참고하여 자신의 위치를 확인하고, 가야 할 곳의 방향을 잡는다. 남동쪽이 목적지라면 태양의 각도를 확인해 남동쪽으로 날아간다.

흐린 날이나 비오는 날처럼 해가 잘 비치지 않을 때는 태양의 방향 대신 편광을 이용한다. 편광은 태양의 움직임에 따라 하늘에 나타나는 태양빛의 패턴인데, 태양 광선이 지구 대기권과 만나는 각도에 따라 달라진다.

간에 지쳐 죽는 나비도 있고, 농약 때문에 떼죽음을 당하기도 하고, 가끔은 길을 벗어나기도 하지만 제왕나비는 결국 목적지에 도착하게 마련이지. 그러니까 여기는 멕시코여야 해. 왜냐하면 난 제왕나비이니까."

제왕나비가 미친 듯이 중얼거렸다.

"그런데 멕시코가 아니라 브라질이라니 내가 왜 여기 있는 거지? 어떻게 길을 찾지? 제왕나비는 절대 길을 잃지 않는데 난 도대체 뭐냐고?"

제왕나비는 길을 잃은 충격이 무척 큰 모양이었다. 사람에서 곤충으로 변한 팽 박사도 멀쩡하게 있는데 제왕나비는 정신이 반쯤 나간 것 같았다. 팽 박사는 제왕나비의 날개를 툭툭 건드렸다.

"이봐, 제왕나비! 저 위쪽이 멕시코야."

"알았어, 그만. 그만큼만 얘기해도 찾을 수 있어. 난 제왕나비라고!"

제왕나비는 큰소리를 땅땅 치면서 날아올랐다. 하지만 금세 도로 내려오고 말았다.

"나는 진짜 길을 잃었어. 사실 오늘이 처음은 아니야. 만날 길을 잃어. 난 제왕나비 자격도 없어."

제왕나비는 날개를 픽 접고 중얼거렸다. 팽 박사는 동물학자 자격도 없다며 자신을 무시하던 과학자들이 떠올랐다. 팽 박사가 말했다.

"날 태워 주면 멕시코가 어디쯤인지 알려 줄게."

팽 박사의 머릿속에 아메리카 지도가 떠올랐다.

"정말? 근데 개미가 어떻게 길을 찾아?"

팽 박사가 버럭 소리를 질렀다.

"난 개미가 아니라니까. 난 팽 박사라고!"

제왕나비는 날개를 으쓱했다. 하지만 팽 박사를 등에 태워 주었다. 팽 박사의 방향 감각을 믿어서가 아니라 길 잃고 혼자 헤매는 것보다는 친구라도 같이 있는 게 나아서였다.

제왕나비는 팽 박사를 싣고 북쪽으로 떠났다. 네 장의 얇은 날개를 펄럭이며 철새처럼 오랫동안 잘 날았다. 배가 고프거나 밤에 잘 때만 꽃에 내려앉았다. 그 때마다 팽 박사도 달콤한 꿀로 배를 채웠다.

꿀을 먹을 때마다 팽 박사는 할아버지와의 약속이 떠올랐다.

'조왕벌 할아버지의 꿀벌은 어떻게 됐을까? 지나와 앤트가 뭘 좀 알아냈을까? 도대체 꿀벌은 왜 집을 나갔을까? 사람들이 자신들도 모르게 꿀벌을 괴롭혔을까?'

곤충이 된 팽 박사는 곤충의 입장에서 생각했다. 사람들은 소의 건강을 위해 약과 사료를 먹이지만 소똥의 맛은 이상해졌다. 사람들이 농사를 짓겠다며 멀쩡한 흰개미집을 무너뜨리자 흰개미들은 갈 곳을 잃었다. 건강하고 꿀을 많이 모은다는 이유로 아프리카꿀벌을 아메리카 대륙에 풀어놓자 살인 벌로 변했다. 이런 일들 때문에 곤충은 엄청난 스트레스를 받았고, 어떤 곤충은 스트레스 때문에 죽기도 했다. 그러니 할아버지네 꿀벌도 어떤 스트레스를 받았을 것이다. 그래서 집을 나갔을 테지…….

"멕시코에 온 것 같아? 나비 나무가 보여?"

생각에 잠긴 팽 박사에게 제왕나비가 물었다. 팽 박사는 아래를 내려다보았다. 만약 팽 박사가 진짜 개미나 흰개미라면 앞이 거의 보이지 않았을 것이다. 그러나 흑마술에 걸려 변한 몸이라 그런지 눈에는 이상이 없었다.

"나비 나무가 어떻게 생겼다고?"

팽 박사가 물었다.

그러나 제왕나비는 대답할 필요가 없었다. 바로 아래에서 제왕나비들이 수없이 날아오르고 있었기 때문이다. 벌써 제왕나비의 짝짓기 축제가 시작된 것이었다. 겨울 동안 나무에 다닥다닥 붙어 잠을 자고 일어난 나비들이 흩날리는 꽃잎처럼 춤을 추며 짝을 찾았다. 온 세상이 화려한 나비 무늬로 가득 찼다. 보기만 해도 황홀한 광경이었다.

"어서 가 봐!"

팽 박사가 제왕나비의 등에서 내렸다.

"고마워, 친구! 덕분에 여기까지 왔어."

제왕나비는 팽 박사를 내려 주고 축제가 열리는 곳으로 날아갔다. 팽 박사는 괜히 눈물이 났다.

팽 박사가 눈물을 흘리며 하늘을 쳐다보고 있을 때 유난히 밝은 흰빛의 물체가 눈에 보였다. 희고 반짝이는 커다란 눈송이 같은 특별한 제왕나비였다.

"넌 개미가 아니야. 흰개미도 아니고, 소똥구리도 아니야."

"어떻게 알아요?"

팽 박사가 깜짝 놀라 물었다.

"길앞잡이의 마법에 걸린 가련한 인간이지!"

"길앞잡이? 맞아요. 길앞잡이를 몇 번 쫓아간 적이 있어요. 그럼 내 몸이 이렇게 변한 게 길앞잡이 때문인가요?"

팽 박사는 기가 막혀 말이 다 안 나왔다.

'어디, 길앞잡이를 만나기만 해 봐라. 긴 다리를 꽉 분질러 놓을 테다!'

"길앞잡이는 장난이 아주 심해. 특히 아프리카길앞잡이가 더 하지. 다시 사람으로 돌아가고 싶니?"

"당연하죠."

"그것 참 섭섭하군. 곤충은 사람보다 훨씬 오래전부터 지구에 살았어. 그런데 곤충이 된 걸 영광스럽게 여기지는 못할망정 사람이 되고 싶다고?"

"난 얼른 사람이 되어서 집에 가고 싶어요. 지나 양도 보고 싶고……."

흰 제왕나비가 웃었다. 웃을 때마다 날개에 있는 가루가 더욱 반짝였다.

"좋아! 길 잃은 제왕나비를 데려다 줬으니까 나도 네가 있던 세계로 보내 줄게."

흰 제왕나비는 빙글빙글 돌았다. 날개의 가루가 빙글빙글 돌며 팽 박사를 감쌌다. 갑자기 팽 박사가 손을 저었다.

"잠깐만요. 여기선 싫어요!"

"여기가 어때서?"

"제왕나비들은 로키 산맥으로 날아갈 거라면서요? 그럼 가는 길에 플로리다에 내려 줘요. 이왕이면 앤트네 집 앞에요. 내 짐이 거기 있거든요."

"참 뻔뻔하기도 하구나. 흑마술에 걸렸어도 지금까지 멀쩡한 이유를 알겠다. 얼굴이 너무 두꺼워서 그렇구나!"

드디어 하늘을 수놓은 짝짓기 축제가 끝났다. 제왕나비들은 북쪽으로 날아가기 시작했다. 흰 제왕나비도 팽 박사를 등에 태우고 날아

올랐다. 로키 산맥까지는 무척 먼 길이었다. 제왕나비들은 중간에 쉬면서 먹이를 먹기도 하고, 알을 낳기고 하고, 수명이 다한 나비들은 죽기도 했다. 나비들이 죽을 때마다 팽 박사는 불안했다.

"나비 마법사님은 절대 죽으면 안 돼요. 흑마술에서 나를 풀어 줄 때까지 절대로요!"

팽 박사는 몇 번이나 다짐을 받았다.

드디어 플로리다의 하늘에 도착했다. 흰 제왕나비가 날개를 몇 번 떨더니 팽 박사를 공중에서 떨어뜨렸다.

"으악! 흑마술을 풀어 준다면서 떨어뜨리면 어떻게 해요?"

팽 박사가 놀라서 소리쳤다. 흰 제왕나비는 재빨리 날개 가루를 팽 박사의 몸에 뿌렸다. 팽 박사는 반짝이는 날개 가루에 싸여 살포시 떨어졌다. 잠깐 눈을 감았다고 생각한 순간 팽 박사는 보드라운 잔디 위에 누워 있었다.

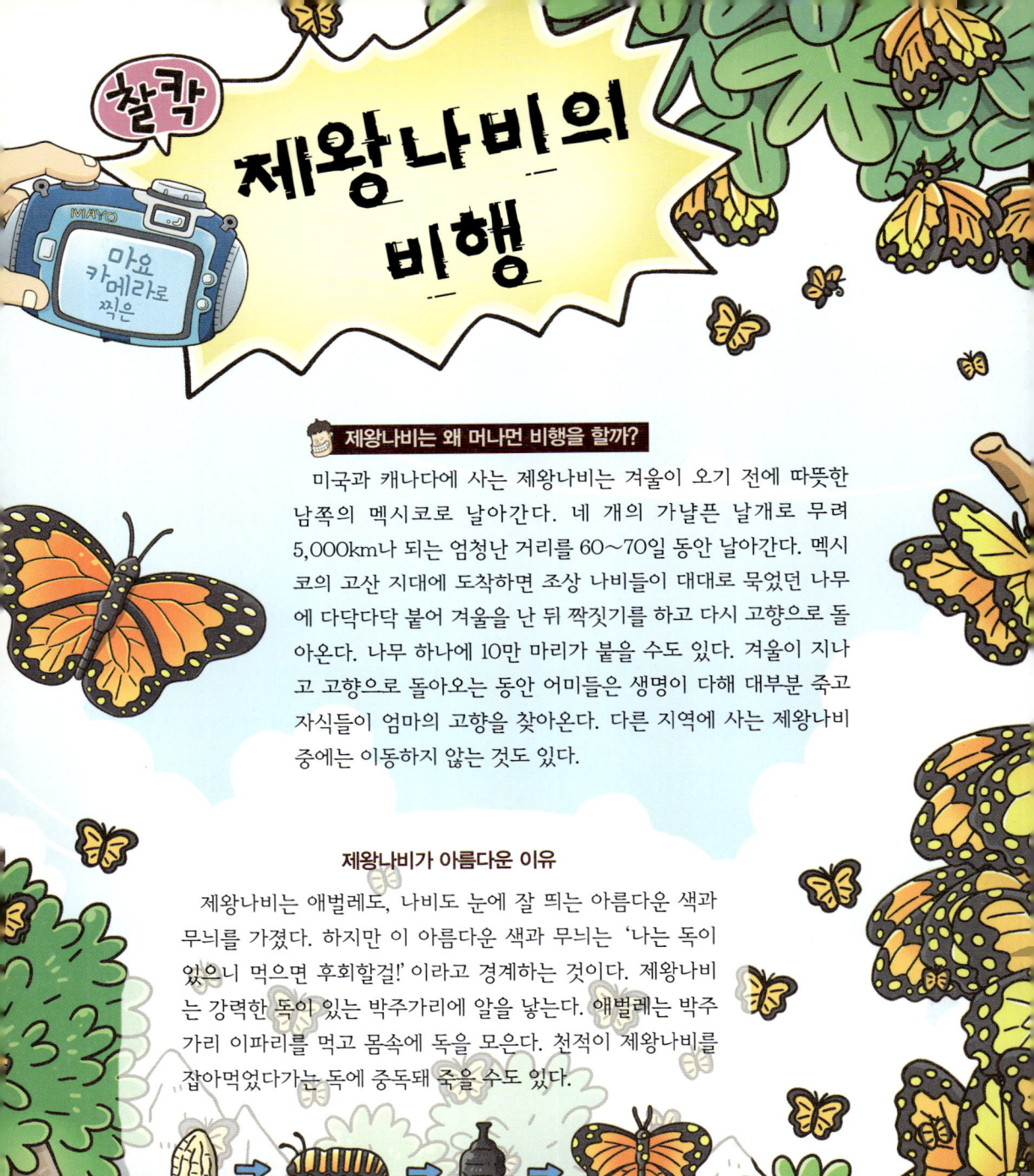

제왕나비의 비행

찰칵! 마요 카메라로 찍은

제왕나비는 왜 머나먼 비행을 할까?

미국과 캐나다에 사는 제왕나비는 겨울이 오기 전에 따뜻한 남쪽의 멕시코로 날아간다. 네 개의 가냘픈 날개로 무려 5,000km나 되는 엄청난 거리를 60~70일 동안 날아간다. 멕시코의 고산 지대에 도착하면 조상 나비들이 대대로 묵었던 나무에 다닥다닥 붙어 겨울을 난 뒤 짝짓기를 하고 다시 고향으로 돌아온다. 나무 하나에 10만 마리가 붙을 수도 있다. 겨울이 지나고 고향으로 돌아오는 동안 어미들은 생명이 다해 대부분 죽고 자식들이 엄마의 고향을 찾아온다. 다른 지역에 사는 제왕나비 중에는 이동하지 않는 것도 있다.

제왕나비가 아름다운 이유

제왕나비는 애벌레도, 나비도 눈에 잘 띄는 아름다운 색과 무늬를 가졌다. 하지만 이 아름다운 색과 무늬는 '나는 독이 있으니 먹으면 후회할걸!'이라고 경계하는 것이다. 제왕나비는 강력한 독이 있는 박주가리에 알을 낳는다. 애벌레는 박주가리 이파리를 먹고 몸속에 독을 모은다. 천적이 제왕나비를 잡아먹었다가는 독에 중독돼 죽을 수도 있다.

놀라운 제왕나비의 비행술

제왕나비는 지구의 자기장과 태양의 위치를 파악하여 방향을 찾는 것으로 알려져 있다.
　비행 속도는 시속 50km 정도로, 바람을 타고 날면 더 빨라진다. 보통은 땅에 가깝게 날지만 3,500m 높이에서도 발견된 적이 있다. 한 번도 쉬지 않고 16시간 동안 600km 이상을 날 수 있다. 밤에는 쉬고 낮에만 움직인다.

12. 성난 살인 벌의 공격

팽 박사는 벌떡 일어났다. 이제 두 다리로 설 수 있고, 두 팔로 불룩 나온 배를 만질 수도 있었다. 머리에는 더듬이 대신 멀쩡한 귀가 붙어 있었다. 팽 박사는 다시 사람으로 돌아와 있었다.

"고마워! 고마워! 착한 마법사야, 잊지 않을게."

팽 박사는 멀어져 가는 제왕나비를 향해 손을 흔들었다. 그러고는 앤트네 집으로 뛰어갔다. 거실 창문으로 앤트의 할머니가 보였다.

"할……."

팽 박사는 반갑게 소리치려다 멈췄다. 몸에 남은 곤충 감각이 팽 박사를 멈춰 세운 것이다. 뭔가 비밀스럽고 위험한 일이 일어날 것 같은 분위기였다.

할머니는 조조와 이야기를 나누고 있었다. 조조는 친절한 얼굴로 뭔가를 설명했고 할머니는 심각한 표정으로 설명을 듣고 있었다. 그 뒤에는 해충 방제 회사의 건장한 일꾼이 세 명이나 서성이고 있었다.

팽 박사는 창문 밑으로 숨어 들어가 귀를 쫑긋 세웠다. 조조는 할머니를 걱정하고 있었다.

"할머니네 꿀벌들도 집을 나갔다면서요? 살인벌 공격은 안 받으셨어요? 혼자 여기 계시면 위험해서 어떡해요?"

"괜찮아. 앤트가 곧 돌아온다고 했으니까 뭔가 방법이 있겠지."

"앤트가 아직 어린데 뾰족한 수가 있겠어요? 그러지 말고 여기 땅을 팔고 도시로 가세요. 앤트도 좋은 환경에서 공부시켜야죠. 앤트 또래의 애들이 얼마나 공부를 열심히 한다고요. 언제까지 벌레들하고 놀게 놔둘 생각이세요?"

"도시에 가서 살면, 정말 앤트가 공부를 잘할까?"

"그럼요."

조조와 뒤에 서 있던 일꾼들 모두 고개를 끄덕였다. 할머니는 얕은 한숨을 쉬었다.

"근데 살인 벌이 나오는 동네의 땅을 누가 사겠어?"

"제가 사 드릴게요. 할머니와 앤트가 도시로 가서 잘살 수 있다면 손해를 좀 보더라도 제가 사 드려야죠."

"고맙네. 정말 친절하구먼. 하지만 나 때문에 자네가 손해를 보면 안 되지. 일단은 앤트가 올 때까지 기다리자고."

조조가 손바닥을 비볐다. 조금 초조해 보였다.

"할머님, 황폐해져서 농사도 지을 수 없고, 살인 벌 때문에 위험하고, 게다가 꿀벌이 자꾸 집을 나가서 꿀벌 농사도 지을 수 없는 땅에 왜 미련을 두세요? 그냥 오늘 계약하세요. 앤트가 오기 전에 먼저 땅을 팔아야 도시에 집도 마련하고, 학교도 등록할 거 아니에요? 이게

다 앤트를 위해서예요. 안 그래요?"

조조는 적극적으로 땅을 팔라고 권하고 있었다. 오늘이 처음은 아닌 것 같았다.

'왜 앤트네 땅을 사려고 하지?'

팽 박사는 조조를 이해할 수 없었다. 꿀벌이 실종되니까 곤충보호 협회를 차려서 꿀벌 농장주들에게 회비를 받고, 응애를 잡아 주겠다며 해충 방제 회사를 차린 것을 보면 조조는 돈을 좋아할 뿐이었다. 브라질 정부의 부탁으로 아프리카꿀벌을 브라질에 들여온 것도 결국 돈을 받고 한 일이었다. 모든 게 다 돈 때문이었다. 조조는 돈만 밝히는 사람인데 왜 갑자기 돈도 안 되는 앤트네 땅을 사려고 할까? 팽 박사가 모르는 어떤 이유가 있을 것이다.

"앗! 나 왜 이렇게 추리를 잘 하지? 곤충 감각 때문인가? 아웅! 이대로라면 노벨탐정상도 받을 수 있겠다!"

팽 박사는 너무 뿌듯해서 낄낄낄 웃었다. 몰래 엿듣고 있다는 것도 잊고 방방 뛰기까지 했다. 그 바람에 조조와 할머니가 팽 박사를 발견했다.

"아이고! 팽 박사 왔구먼. 우리 앤트는 어디 있나?"

할머니가 한달음에 달려 나와 물었다. 팽 박사는 고개를 저었다. 할머니의 얼굴에 실망의 빛이 스쳤다. 팽 박사는 재빨리 말했다.

"사정이 있어서 제가 먼저 왔어요. 앤트는 지나랑 같이 올 거예요. 곧, 아마도……."

마음을 놓은 할머니 눈에 그제야 팽 박사의 모습이 들어왔다.

"아이고! 꼬락서니가 엉망이구먼. 오다가 하수구에라도 빠진 거야?"

"아니, 그런 건 아니고요. 암튼, 헤헤헤. 근데 할머니, 지금 무슨 얘기를 하시던 중이었어요?"

"할머님이 땅을 팔기로 했네. 오늘 계약할 거야. 자, 어서 여기에 사인하시죠."

조조가 할머니 손에 볼펜을 쥐어 주었다. 팽 박사는 얼른 그 볼펜을 빼앗았다.

"미스터 조조는 땅을 사서 어디에 쓰려는 거요? 손해까지 보면서? 미스터 조조가 손해 보는 짓을 할 까닭이 없잖아요."

팽 박사의 날카로운 질문에 조조는 흠칫 놀랐다. 그러나 겉으로는 아무렇지도 않은 척했다.

"할머님을 위해 사려는 거요. 그리고 내가 사는 게 아니라 곤충보호협회에서 사는 거요. 꿀벌이 줄어들어서 꿀 농사와 과일 농사가 잘 안 되고 있소. 망한 농장도 많아요. 우리 곤충보호협회는 꿀벌을 보호하지 못한 책임을 느끼고 이 사람들의 땅을 사 주기로 했소. 땅을 팔고 마련한 돈으로 도시에 가서 새 인생을 시작하라고 말이지요. 그러지 않으면 이 사람들은 여기서 먹고살 수가 없소."

조조의 연설을 듣는 동안 팽 박사의 몸에 남아 있던 민감한 곤충의 감각이 다 빠져나갔다. 남의 말에 잘 속는 평소의 어리바리한 팽 박사로 돌아온 것이다. 팽 박사는 조조의 말이 끝나자 감동에 겨워 박수까지 쳤다.

"아, 그렇군요! 역시 미스터 조조는 훌륭한 사람이야. 할머니, 조조가 진심으로 이 마을을 위하고 있네요."

할머니도 고개를 끄덕이며 땅을 판다는 계약서에 사인을 하려고 펜을 들었다.

"할머니, 저 왔어요!"

때마침 앤트가 문을 열고 집 안으로 뛰어 들어왔다.

"앗, 박사님도 여기 계셨네요. 얼마나 찾았다고요!"

"오, 우리 손자! 잘 다녀왔어? 아픈 덴 없고? 아이고, 보고 싶었다!"

할머니는 펜을 집어던지고 앤트를 껴안았다. 할머니는 앤트한테 뽀뽀를 열 번도 넘게 했다. 지켜보는 팽 박사의 마음이 뭉클할 정도로 큰 사랑이 느껴졌다. 하지만 조조는 폭탄먼지벌레의 방귀라도 맞은 표정을 짓고 있었다.

"근데 조조 아저씨가는 왜 여기 있어요? 브라질에서는 난리가 났어요. 아저씨가 퍼트린 벌 때문에 사람들이 벌침에 쏘이고, 양봉 벌들이 다 죽고 야단이라고요. 아저씨가 일으킨 문제니까 아저씨가 해결해야지 도망 오면 어떡해요? 농부들 피해가 이만저만이 아니에요."

영문을 모르는 할머니가 앤트를 말렸다.

"얘야, 조조한테 왜 그러니? 조조는 우리 땅을 사러 온 것뿐이야."

"땅이요? 왜요? 할머니, 우리 땅을 왜 팔아요?"

할머니는 조조와 했던 이야기를 차근차근 들려주었다. 할머니의

 폭탄먼지벌레

딱정벌레 종류로 방귀벌레라는 별명이 더 유명하다. 위험을 느끼면 항문 주위의 분비샘에서 방귀 같은 독한 물질을 내뿜는데, 이 방귀를 쐬면 살이 부어오르면서 몹시 아프다. 낮에는 낙엽이나 흙 밑에서 자고, 밤이면 밖으로 나와 다른 벌레를 잡아먹는다.

말이 끝날 무렵 앤트의 얼굴이 벌겋게 달아올랐다.

"싫어요. 말도 안 돼요. 우리 땅을 팔 순 없어요. 조조 아저씨는 이상한 사람이에요. 왜 멀쩡한 땅을 팔라고 해요? 왜 우리더러 도시로 가라는 거예요?"

"다 너를 위한 거야. 네 또래 애들은 도시에서 열심히 공부하는데 넌 벌레 꽁무니나 쫓아다닐래? 커서 뭐가 되려고 그러니?"

조조가 버럭 소리를 질렀다. 앤트는 더 크게 소리쳤다.

"그만 나가 주세요. 우린 땅 안 팔아요!"

조조가 눈을 치켜떴다. 그러나 곧 억지 미소를 지으며 할머니에게 말했다.

"허허, 허허. 앤트가 변화를 싫어하네요. 평생 촌구석에서 벌레만 쫓아다녀서 그런가? 이런 아이일수록 번화한 도시에서 잘 교육시켜야죠. 안 그런가요, 할머님?"

"할머니, 여기서도 공부할 수 있어요. 훌륭한 사람이 될 수 있다고요."

할머니는 결정을 하지 못하고 고민했다.

"벌레 꽁무니나 쫓아다니면 뭐가 될 수 있겠어?"

조조가 더는 참지 못하고 신경질을 냈다. 팽 박사는 앤트에게 화를 내는 조조가 미웠다. 그래서 앤트가 가장 잘 할 수 있는 것을 재빨리 생각해 냈다.

"곤충학자가 되면 되지. 앤트는 지금도 곤충학자이지만 앞으로 더 훌륭한 곤충학자가 될 수 있어. 곤충학자가 세상에 얼마나 필요한 사람이라고요."

앤트의 얼굴이 환해졌다.

"맞아요, 곤충학자! 난 곤충학자가 될래요."

"곤충학자? 그런 직업도 있냐?"

할머니가 물었다.

"그럼요. 곤충학자도 과학자예요. 프리슈라는 과학자는 꿀벌 연구를 해서 노벨상도 탔어요."

팽 박사의 말에 할머니의 얼굴도 환해졌다.

"그런 게 있었구나. 우리 앤트한테 딱 맞는 일이네. 곤충학자가 되려면 도시로 가면 안 되겠네. 안 그런가, 조조?"

조조의 얼굴은 바퀴벌레를 씹은 표정으로 변했다.

"조조 아저씨, 이제 그만 가 주세요. 할머니랑 할 얘기가 많아요."

조조가 같이 온 해충 방제 회사 일꾼들에게 엄지손가락을 흔들었다. 갑자기 일꾼들이 팽 박사와 앤트를 붙들고는 팔을 뒤로 꺾어 꼼짝도 하지 못하게 만들었다.

"할머니, 계약서에 사인하시죠. 그렇지 않으면 이 두 사람을 그냥 두지 않겠소."

조조의 목소리는 악당처럼 싸늘하고 차가웠다.

"조조, 왜 이러나? 어린애한테 무슨 짓인가? 앤트를 당장 놔주게."

"좋은 말로 할 때 사인을 할 것이지. 고집쟁이 할망구 같으니라고!"

조조가 할머니 앞에 계약서를 내밀었다. 할머니는 손을 덜덜 떨며 볼펜을 집어 들었다.

"아악! 앤트, 어쩌면 좋아. 내가 벌통을 건드렸어. 살인 벌이 쫓아

 꿀벌 연구로 노벨상을 받은 곤충학자, 카를 폰 프리슈

꿀벌의 언어인 춤에 관한 연구는 40여 년에 걸친 프리슈(Karl Ritter von Frisch, 1886~1982)의 연구로 유명하다. 프리슈는 이 연구 결과로 1973년 노벨 생리의학상을 받았다.

오고 있어!"

우당탕탕 소리와 함께 지나가 문을 벌컥 열고 뛰어 들어왔다.

"아웅, 지나 양!"

팽 박사가 붙잡힌 몸을 버둥거리며 지나를 불렀다.

"앗, 박사님! 어디 갔었어요? 얼마나 보고 싶었다고요!"

지나는 팽 박사가 붙들린 것도 모르고 덥석 껴안았다. 그 때 열린 문으로 벌 떼가 먹구름처럼 몰려왔다.

"아악!"

사람들이 놀라서 비명을 질렀다.

"맞다, 벌! 내가 벌집을 건드렸는데 살인 벌인가 봐. 백 미터도 넘게 쫓아오고 있어!"

살인벌은 벌집을 건드린 지나뿐 아니라 집 안에 있는 사람들을 마구잡이로 공격했다. 사람들은 벌을 피해 보려고 요리 뛰고 조리 숨었다. 팽 박사와 앤트를 붙잡고 있던 일꾼들이 집 밖으로 뛰어나가자 한 무더기의 벌들이 그들을 뒤따라갔다. 앤트는 한 손으로는 벌을 쫓으며 아직도 할머니를 붙잡고 있는 조조를 확 밀쳐 넘어뜨렸다.

"날 따라와요!"

앤트가 할머니 손을 잡고 밖으로 나갔다. 팽 박사와 지나도 뒤를 따라가자 한 무리의 벌 떼가 팽 박사 무리를 뒤쫓아 갔다. 남은 벌 떼는

넘어진 조조에게 달라붙었다.

"여기에요!"

앤트의 외침과 함께 앤트가 땅속으로 푹 꺼졌다. 곧이어 할머니도 땅속으로 사라졌다.

"어디야?"

소리를 지르던 지나도, 뒤따라가던 팽 박사도 땅속으로 푹 빠져 푹신한 짚더미 위에 떨어졌다.

"다들 괜찮아요? 팽 박사님, 안 다쳤어요?"

"엉덩이는 괜찮아. 근데 나, 꿀벌한테 엄청 쏘였어."

팽 박사가 투덜거렸다. 갑자기 앤트가 팽 박사를 꼭 안았다.

"그래도 살인 벌의 공격을 피했잖아요. 박사님, 다시 만나서 정말 기뻐요."

"맞아요. 그동안 어디 있었어요? 도대체 혼자서 뭘 하고 다녔어요? 얼마나 걱정했는지 알아요? 꼴은 이게 뭐예요? 이거 무슨 똥 냄새 아니에요?"

지나가 반가움을 잔소리와 구박으로 표현했다. 오랜만에 듣는 구수한 잔소리가 너무 반가워서 팽 박사는 그만 울음을 터트렸다.

"어디 갔었어요?"

지나도 울먹이며 물었다.

팽 박사는 절대로 그 질문에 대답할 수 없었다. 코끼리 똥을 먹었다는 말도, 흰개미집을 지어 주었다는 말도, 아마존개미의 노예 생활을 했다는 것도 말할 수 없었다. 지나가 평생 팽 박사를 놀릴 것이 뻔했기 때문이다. 팽 박사는 얼른 말을 돌렸다.

"지나 양은 도대체 왜 벌집을 건드린 거야? 내가 몇 방이나 물린 줄 알아?"

"그래도 지나 양 덕분에 조조의 공격을 피했으니 다행 아닌가!"

할머니가 지나의 편을 들었다. 잠시 침묵이 흘렀다. 네 사람은 곧 깔깔깔 웃었다. 이렇게 넷이 모인 게 얼마 만인지 몰랐다. 네 사람은 한 시간이 넘게 앤트의 비밀 지하실에서 땅강아지, 꼽등이 등 지하에 사는 곤충들을 구경하며 이야기를 나누었다.

다시 밖으로 나왔을 때는 꿀벌이 한 마리도 보이지 않았다. 그런데 할머니 집 거실에 조조가 쓰러져 있었다. 성난 꿀벌에게 서른 방도 넘게 침을 쏘인 뒤 정신을 잃은 것이었다. 할머니는 얼른 구급대를 불러 조조를 병원으로 보냈다.

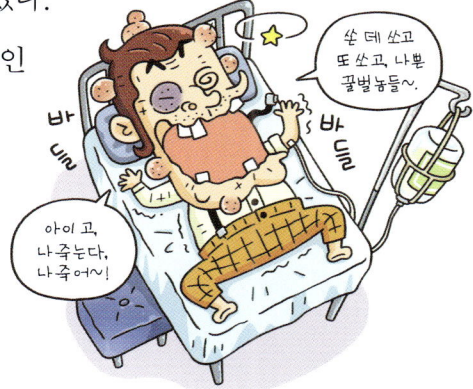

13. 모두 함께 반딧불이 축제

의식을 잃은 조조가 병원에서 벌침 알레르기를 치료하는 동안 곤충보호협회에 멋진 차를 타고 낯선 손님들이 들이닥쳤다. 양복을 잘 차려입은 사람들은 몹시 화가 난 표정이었다.

"미스터 조조는 어디 있소?"

"병원에 입원했는데, 무슨 일이십니까?"

비서의 친절한 물음에 낯선 손님들은 성난 목소리로 대답했다.

"그만큼 투자를 받았으면 이젠 결과물이 있어야 할 거 아닙니까? 토지를 사들이는 일은 도대체 언제 끝나는 거지요?"

비서는 여전히 친절한 표정으로 눈만 멀뚱멀뚱하며 아무 말도 못 했다. 곤충보호협회의 모든 일을 조조 혼자 결정하기 때문에 비서는 무슨 말인지 알아들을 수 없었다.

"정말 모르는 거요? 여기 대형 놀이 공원을 짓기로 했잖소. 주민들이 반대할 게 뻔하니 곤충을 이용해서 사람들을 쫓아내고 땅을 산다고 했는데, 3년이 지나도록 전망이 좋은 쪽은 손도 대지 못하고 있잖소. 우린 이 사업에서 손 떼겠소. 미스터 조조에게 당장 전화해서 투자금을 거둬들인다고 알리시오."

성난 손님들은 멋진 차를 타고 쌩하니 가 버렸다. 비서는 입을 떡 벌리고 있다가 이 새로운 사실을 온 마을 사람들에게 알렸다. 소문은 금세 온 마을에 퍼졌다. 소문은 곧 조조에게 속아 싼 값에 땅을 팔고 마을을 떠난 사람들에게도 알려졌다.

조조는 아직도 의식을 찾지 못하고 있었는데 이것이 오히려 조조에게는 다행한 일이었다. 마을 사람들이 분노와 배신감으로 부르르 떨며 조조를 벼르고 있었기 때문이다.

"돈 때문에 모두를 속이다니 조조는 정말 나빠. 그래도 앤트네는 다행이야. 이게 다 내가 벌집을 건드린 덕분이라니까. 이제 우린 집으로 돌아가요!"

지나가 으스대며 말했다. 팽 박사도 얼른 집에 가고 싶었다. 하지만 아직 꿀벌 실종에 대한 답을 찾지 못했다. 이대로 집에 가면 벌통 청소는 고스란히 팽 박사의 몫이었다. 그것도 평생! 팽 박사가 우물쭈물 물었다.

"지나 양, 사라진 할아버지네 꿀벌은 어쩌지?"

지나의 이마에 굵은 주름이 생겼다. 하도 여러 가지 일을 겪느라 힘들어서 할아버지네 꿀벌을 잠시 잊고 있었던 것이다. 고민하던 두 사람에게 앤트의 할머니가 말했다.

"난 말이다, 꿀벌이 사라지는 것은 사람이 해결하지 못한다고 봐. 그건 대자연의 어머니가 해결할 일이야. 지금처럼 꽃에 농약을 마구 뿌리고, 벌통을 살충제와 살균제로 소독하고, 유전자 조작 식물을 기르고……. 자연에서 멀어져서 생기는 병은 자연에 가까워지면 낫는 거야. 대자연의 어머니가 힘을 쓸 수 있게 자연을 살려야지. 그게 정답 아니겠나?"

"아웅, 할머니 말씀이 정답이에요! 할아버지한테도 그렇게 말할래요. 다시 좀 불러 주세요. 대자연의 어머니가…… 어디서 멀어졌다고요? 처음부터 다시 불러 줘요."

팽 박사는 연필과 종이를 들고 할머니 앞에 앉았다. 할머니는 빙그레 미소를 지으며 처음부터 다시 말해 주었다.

드디어 한국으로 돌아왔다. 팽 박사와 지나는 맨 먼저 할아버지한테 달려갔다. 할아버지는 벌통 옆에서 일을 하고 있었다.

"할아버지!"

지나가 할아버지한테 덥석 안겼다. 할아버지의 얼굴에 미소가 번졌다. 팽 박사는 멀찍감치 떨어져 주머니를 뒤졌다. 할머니 말을 적어 둔 종잇조각을 찾기 위해서였다. 그런데 바지 뒷주머니, 앞주머니, 셔츠 앞주머니를 다 뒤져도 적어 둔 종이가 나오지 않았다.

"어? 어디 갔지? 분명히 여기 뒀는데? 지나 양, 내 메모지 못 봤어?"

팽 박사의 얼굴이 벌게졌다. 할아버지가 팽 박사 앞으로 저벅저벅 걸어왔다. 팽 박사의 얼굴이 점점 더 빨개졌다.

"도망갈까, 말까……. 도망갈까, 말까? 도망가도 잡힐 것 같은데, 그냥 벌통 청소를 할까? 할머니가 뭐라고 했더라? 대자연의 어머니가 어떻고, 자연스럽게 어떻고 그랬는데……."

구시렁거리며 고민하는 팽 박사 앞에 할아버지가 우뚝 섰다. 할아버지가 억센 손길로 팽 박사의 양어깨를 꽉 움켜쥐었다. 팽 박사의 얼굴이 창백해졌다.

"이보게, 자네!"

팽 박사는 두 손을 마주 잡았다. 할아버지가 팽 박사의 손을 덥석 잡아 벌통에 쑤셔 넣을 것 같았다. 팽 박사는 두 다리를 꽉 오므렸다. 겁이 나서 오줌을 지릴 것만 같았다.

할아버지는 팽 박사의 어깨를 움켜쥔 손에 더욱 힘을 주더니 팽 박사를 덥석 안았다.

"욕봤네. 고생했어. 둘 다 건강하게 돌아와서 얼마나 좋은지 몰러."

"하, 할아버지. 사라진 꿀벌을 못 찾았는데 그래도 나, 벌통 청소 안 해도 되요?"

팽 박사가 조심스럽게 물었다. 할아버지가 껄껄껄 웃었다.

"그려. 그때는 내가 좀 흥분했었어. 다시 생각해 보니 어떻게 해야 할지 알겠더구먼."

할아버지는 새 벌통을 보여 주었다. 네모반듯하게 생긴 양봉 벌통이 아니었다. 나무 상자에 구멍만 뚫어 주면 꿀벌이 직접 자기 몸에 꼭 맞는 집을 설계해 지을 수 있는 벌통이었다. 꿀을 쉽게 채취하기 위한 플라스틱 받침판도 없었다. 벌집에 필요한 것은 플라스틱이 아니라 벌들이 직접 만든 밀랍이었다.

"꿀을 손쉽게 채취하려고 만든 벌집이 벌들한테 스트레스를 준 모양이여. 병에 걸리지 말라고 쓰는 세균 죽이는 약도, 농약 뿌린 과수원에서 꿀을 모으는 일도 스트레스였던 거여. 그래서 내가 찾은 해답은 사람이 없으면 벌은 더 잘 자라는 법이라는 거여."

조왕벌 할아버지의 말은 앤트의 할머니가 했던 말과 비슷했다.

"맞아요! 곤충을 곤충답게 살게 해 주세요!"

팽 박사도 적극 찬성했다. 세 사람은 산에 꽃씨를 뿌리러 갔다. 꿀벌이 건강하게 자라려면 보기에 예쁜 꽃보다 꽃가루가 풍부한 꽃이 많아야 했다. 또 한두 종류보다 여러 종류의 꽃이 좋고, 옛날부터 지역에 살던 토종 꽃이 가장 좋다고 했다.

"나무도 많이 심어요. 산이 숲으로 우거지면 꿀벌도 더 잘 자랄 거예요."

팽 박사의 머릿속에는 벌써 건강한 벌들이 윙윙윙 춤을 추고 있었다.

어느덧 밤이 되었고, 하늘에서 반짝반짝 반딧불이들이 축제를 열었다. 팽 박사는 아이처럼 소리를 지르며 반딧불이를 쫓아다녔다.

"반딧불이다! 나 반딧불이 처음 봐. 아웅! 진짜 예뻐! 나를 부르고 있어."

 반딧불이는 왜 빛을 낼까?

반딧불이는 깜빡이는 빛으로 말을 대신한다. 특히 짝을 찾을 때 수컷은 같은 종류의 암컷이 알아볼 수 있는 빛을 깜빡이며 하늘을 날아다닌다. 그 신호를 보고 암컷도 빛을 깜빡거려 짝을 부른다. 깜빡이는 빛을 좋아하는 반딧불이는, 물에 비친 자신의 모습에 속아 물속에 뛰어들어 어이없이 죽기도 한다. 반딧불이는 루시페린이라는 발광 물질과 루시페라아제라는 발광 효소가 들어 있는 특수한 세포를 가지고 있는데 이 세포가 산소를 만나 뜨겁지 않은 특별한 빛을 만들어 낸다. 반딧불이는 알 때부터 발광 물질을 지니고 있어 평생 빛이 난다.

"반딧불이는 지금 제 짝을 부르는 거예요. 박사님이 반딧불이에요?"

팽 박사는 세차게 고개를 저었다. 말이 씨가 되어서 이번에는 반딧불이로 변한다면? 생각만 해도 아찔했다.

"아냐, 난 반딧불이 아냐. 궁뎅이 뜨거워서 싫어!"

"반딧불이 불은 안 뜨거운 불이여. 아이고! 명색이 동물학자라는 사람이 그것도 몰러?"

팽 박사는 믿을 수 없었다. 성냥불, 촛불, 숯불…… 불이란 불은 다 뜨거운데, 하다못해 형광등도 오래 켜 놓으면 뜨거워지는데 반딧불이 불만 어떻게 안 뜨거울까? 팽 박사의 호기심이 화르르 타올랐다.

"할아버지, 나 저거 하나만 잡아 줘요. 진짜 안 뜨거운지 보고 싶어요."

"예끼! 요즘 보기 힘든 귀한 반딧불이를 함부로 잡으면 안 되지. 잡으면 절대 안 돼!"

"몰래 잡아 줘요. 여기에 아무도 없잖아요."

"안 된다니까!"

"헹! 사실은 반딧불이 불이 뜨거우니까 그렇죠? 날 속이려고 일부러 안 잡아 주는 거죠?"

팽 박사가 막무가내로 떼를 썼다. 어이가 없어서 할아버지는 쯧쯧

쯧 혀를 찼다. 지나도 고개를 절레절레 흔들었다.

"박사님! 곤충을 최대한 곤충답게 살게 해 주기로 했잖아요. 그런데 잡으면 되겠어요?"

지나의 말에 팽 박사는 머쓱해졌다. 그 때 반딧불이 하나가 팽 박사의 눈앞으로 날아왔다. 길앞잡이와 눈이 마주쳤던 것처럼 꼭 눈이 마주칠 것만 같았다. 팽 박사는 얼른 눈을 감았다. 곤충과 눈이 마주쳤다가 또 어떤 일이 생길지 팽 박사는 두려웠다.

변태(탈바꿈)란?

갓 태어난 새끼가 어른이 될 때까지 겉모습이나 습성 따위가 바뀌는 것을 '변태'라고 한다. 알에서 태어난 올챙이가 개구리가 되는 것도 변태에 해당한다. 곤충은 변태를 통해 성충으로 성장해 간다. 변태는 번데기를 거치지 않는 불완전변태와 번데기의 과정을 거치는 완전변태가 있다. 참고로 불완전변태를 하는 애벌레는 '약충', 완전변태를 하는 애벌레는 '유충'이라고 부른다.

배추흰나비의 완전변태

성충이 된 배추흰나비
번데기에서 2주일 정도 지나면 다 자란 나비가 나온다.

번데기
다 자란 애벌레는 입에서 실을 토해 번데기를 만든다. 번데기 과정에서 날개와 다리, 더듬이의 싹이 생긴다.

점점 커지는 애벌레
배추 잎을 아주 많이 먹으며 쑥쑥 자란다.

애벌레
알에서 깨어난 애벌레는 먼저 알을 둘러싼 껍질을 먹어 치운 뒤 배추 잎을 갉아먹는다.

알
배추흰나비는 배추 이파리 뒤에 한 번에 약 50개의 알을 낳는다.

팽 박사의 생태 탐험 시리즈 ❸

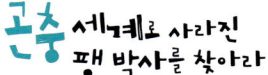
곤충 세계로 사라진 팽 박사를 찾아라

초판 1쇄 인쇄 2009년 9월 21일
초판 1쇄 발행 2009년 9월 30일

글쓴이 | 정재은
그린이 | 김석

발행인 | 양원석
편집장 | 최주영
책임편집 | 김경애
디자인 | 미르
마케팅 | 정도준, 김성룡, 백준, 나길훈, 임충진, 주상우
제작 | 허한무, 문태일, 김수진

펴낸곳 | 랜덤하우스코리아(주)
주소 | (135-090)서울시 강남구 삼성동 159번지 오크우드호텔 별관 B2
문의 | 02-3466-8855(내용), 02-3466-8955(구입), 02-3466-8888(팩스), www.jrrandom.com
등록 | 2004년 1월 15일 제2-3726호

ⓒ 정재은, 김석, 2009

ISBN 978-89-255-3432-9 (73490)
      978-89-255-3161-8 (세트)

값 9,000원

* 이 책은 저작권법에 따라 보호를 받는 저작물이므로 무단전재와 무단복제를 금하며, 이 책 내용의 일부를 이용하시려면 반드시 저작권자와 랜덤하우스코리아(주)의 서면 동의를 받아야 합니다.
* 잘못 만들어진 책은 구입하신 곳에서 교환해 드립니다.
* 모서리가 날카로워 다칠 수 있으니 사람을 향해 던지거나 떨어뜨리지 마십시오